Wilhelm Mohorn

Raumenergie - Das decodierte Rätsel

Wilhelm Mohorn
Frank Fabian

Raum-Energie

Das decodierte Rätsel

Neue Energiequellen zum Nulltarif

Omega

Alle Rechte vorbehalten.
Außer zum Zwecke kurzer Zitate für Buchrezensionen darf kein Teil dieses Buches ohne schriftliche Genehmigung durch den Verlag nachproduziert, als Daten gespeichert oder in irgendeiner Form oder durch irgendein anderes Medium verwendet bzw. in einer anderen Form der Bindung oder mit einem anderen Titelblatt als dem der Erstveröffentlichung in Umlauf gebracht werden. Auch Wiederverkäufern darf es nicht zu anderen Bedingungen als diesen weitergegeben werden.

Omega-Verlag ist ein Imprint der Verlag »Die Silberschnur« GmbH
Copyright © 2015 Verlag »Die Silberschnur« GmbH

ISBN: 978-3-89845-517-6

1. Auflage 2016
2. Auflage 2023
3. Auflage 2026

Gestaltung & Satz: XPresentation, Güllesheim
Umschlaggestaltung: XPresentation, Güllesheim; unter Verwendung eines Motivs von © Sergey Nivens, www.shutterstock.com
Druck: Finidr, s.r.o. Cesky Tesin

Verlag »Die Silberschnur« GmbH · Steinstr. 1 · 56593 Güllesheim
www.silberschnur.de · E-Mail: info@silberschnur.de

Inhalt

- 1 -

Was dieses Buch Ihnen bietet - oder: Die brisanteste Entdeckung des 21. Jahrhunderts

Um es gleich zu sagen, verehrter Leser: Sie finden in diesem vorliegenden Buch aufsehenerregende Informationen über das Thema der *Energie* sowie Informationen über eine vollständig neue Energieform: die *Raumenergie*.

Viele Forscher, Unternehmer und Entscheider, die auf saubere, preiswerte Energie angewiesen sind, sind inzwischen der Meinung, dass es sich hierbei momentan um das brisanteste Thema überhaupt handelt.

So viel sei jetzt schon vorweggenommen: Quantensprünge innerhalb der Energieforschung haben das Gesicht unserer Welt nachhaltiger verändert als vielleicht jede andere Erfindung. In diesem Sinne ist die Raumenergie - eine Energie, die uns also in jedem Raum begegnet, der existiert, und die überall vorhanden ist - eine der faszinierendsten und folgenreichsten Entdeckungen, die man sich vorstellen kann. Die Konsequenzen sind tatsächlich atemnehmend.

Auf den folgenden Seiten finden Sie die abenteuerliche Entdeckungsreise dieser neuen Energieform beschrieben und die bereits spektakulären praktischen Anwendungen erklärt. Diese Anwendungen sind "sauber", was die Umwelt angeht, und sie sind höchst kostengünstig, denn Raumenergie existiert, wie gesagt, überall um uns herum.

Wir können sie jedoch nicht mit den Händen greifen, nicht einmal sehen. Trotzdem ist jeder Raum "bevölkert" von zahlreichen Teilchen und Wellen: Die "Luft", die "Atmosphäre" des Raumes, besteht aus einem besonderen chemisch-physikalischen Gemisch, das genauso genutzt werden kann wie die Muskelkraft eines Pferdes etwa - man muss nur wissen, wie. Stellen wir uns in diesem Sinne einmal eine Sekunde lang vor, dass um uns herum, im Raum, tatsächlich Energie existiert! Wenn wir genau dies unternehmen, so erkennen wir sofort, dass die Idee der Raumenergie einer Revolution gleichkommt.

Man muss sich in diesem Zusammenhang stets die Geschichte selbst vor Augen halten: Der Fortschritt der Menschheit wurde zum einen immer definiert durch Quantensprünge des Wissens - besonders in puncto Kommunikation. Und zum zweiten durch die Entdeckung vollständig neuer Energieformen.

Die Erfindung der Buchstaben und der Schrift etwa leitete ehemals eine ebenso große Revolution ein wie die Entdeckung, dass man das Feuer "zähmen" und sich dienstbar machen kann.

Noch im Altertum, vor gerade einmal ein paar Tausend Jahren, musste man sich damit zufriedengeben, mit dem Feuer und dem Wasser, mit der Muskelkraft des Menschen und des Tieres zurechtzukommen - das war alles, was an "Energie" zur Verfügung stand.

Unvorstellbare Quantensprünge wurden jedoch gemacht, als auf einmal die Dampfmaschine auf den Plan trat: Plötzlich entstanden ganze Industrien. Die sogenannte *Industrielle Revolution*, die in der zweiten Hälfte des 18. Jahrhunderts begann, krempelte - auch in gesellschaftlicher Hinsicht - alles um, was bislang als gottgegeben und unumstößlich gegolten hatte.

Als zuerst systematisch Holz und Kohle, später die Elektrizität, das Öl und die Atomkraft hinzukamen, wurde "Wirklichkeit" wieder vollständig neu definiert. Man erkannte plötzlich, dass es völlig neue Energieformen gab. Jede einzelne Energieart läutete erneut eine Revolution ein. Die Nutzung der Erdwärme, die Methode, aus "Abfall" Energie zu gewinnen, die Gravitation und der Magnetismus sowie der Einsatz der Sonnen- und Windenergie kennzeichneten jedes Mal eine neue Ära.

Alte Vorstellungen über "Energie" wurden unversehens über den Haufen geworfen. Plötzlich sahen die Menschen, dass Energie in einem unvorstellbaren Überfluss um sie herum existierte. Erneut sprossen ganze Wissenschafts- und Wirtschaftszweige aus dem Boden - und wenn wir ehrlich sind, müssen wir zugeben, dass diese Revolutionen bis heute immer noch anhalten, tatsächlich sind sie längst noch nicht abgeschlossen.

Höchst bemerkenswert ist in diesem Zusammenhang der Umstand, dass den Entdeckern oder Erfindern neuer Energieformen selten oder nie sofort applaudiert wurde. Im Gegenteil: Fast alle Erfinder mussten mit enormen Widerständen fertigwerden. Die Industrielle Revolution war unter anderem dadurch gekennzeichnet, dass viele Maschinen zunächst zerstört wurden - von aufgebrachten Arbeitern, die fürchteten, durch eben diese Maschinen arbeitslos zu werden.

Nikola Tesla (1856-1943), der berühmte Erfinder, Physiker und Elektroingenieur, der unter anderem die Vorteile des Wechselstroms entdeckte, sah sich wüsten Propagandakampagnen seitens der Konkurrenz ausgesetzt. Jede neue Energie, die entdeckt wurde, hatte neben ihren heftigen Befürwortern zunächst auch ihre erbitterten Feinde. Selbst die (relativ saubere) Windenergie und die Sonnenenergie wurden zunächst belächelt und mit Spott bedacht, bevor beide Energieformen ihren Siegeszug antraten. Umwälzungen und Neuerungen sehen sich notwendigerweise immer Heerscharen von Kritikern und Skeptikern ausgesetzt, bis schließlich die *Praxis* selbst beweist, dass Behauptungen wahr sind oder eben auch nicht und dass die Vorteile größer sind als die Nachteile, die mit einer neuen Erfindung einhergehen.

Trotz aller Widerstände lässt sich echter Fortschritt jedoch nie auf Dauer aufhalten. Alle Autoritäten der Welt sind machtlos gegen die Praxis und gegen handfeste Resultate. Die Widerstände gegen Tesla waren zu seiner Zeit Legion, heute wird er als eines der größten Genies der Menschheitsgeschichte betrachtet.

Und so können wir denn inzwischen davon ausgehen, dass auch die "Raumenergie" eines Tages von allen Lagern anerkannt werden wird.

Die Entdeckung der Raumenergie ist dabei eine eigene Abenteuergeschichte, die wir im Lauf dieses Buches vorstellen werden. Es ist faszinierend nachzuvollziehen, dass Erfinder immer erst ausgetretene Pfade verlassen müssen, bevor sie Anerkennung finden. Sie müssen die Fähigkeit besitzen, sozusagen auf die ganze Welt, auf alle Lehrbücher und Koryphäen, auf alle scheinbar unumstößlichen chemisch-physikalischen "Gesetze" zu pfeifen. Sie sind im Grunde ihres Herzens immer Rebellen gegen den Status quo, intellektuelle Rebellen, deren Revolutionen zunächst nur in ihrem eigenen Kopf stattfinden. Sie besitzen das Talent, wesentlich schärfer und genauer zu beobachten als der Durchschnittszeitgenosse und völlig neue Überlegungen anzustellen, selbst wenn ihre unorthodoxe Denkweise nicht dem Zeitgeist entspricht. Sie kümmern sich wenig um wissenschaftliche Konventionen und nehmen es zur Not mit dem gesamten akademischen Establishment auf. Der unbestechlichste Richter über eine neue Theorie ist am Ende immer die Praxis. Wenn etwas in der Praxis funktioniert, wenn eine Anwendung immer und immer wieder demonstriert werden kann, mit gleichbleibenden Resultaten, dann muss auch der lauteste Skeptiker verstummen.

Diese "gleichbleibenden, wiederholbaren Resultate" sind natürlich der springende Punkt. Und genau das ist inzwischen mit der Raumenergie passiert. Zugegeben: Forscher und Entdecker, Tüftler und Visionäre entdeckten schon erstaunlich früh die Raumenergie, deren Perspektiven und Anwendungsmöglichkeiten anfänglich noch nicht ausgelotet waren. Aber schon bald traten Ingenieure und Praktiker auf den Plan, die für Furore in den Reihen der Energiespezialisten sorgten. Sprich, die Existenz der Raumenergie wurde inzwischen durch die Praxis selbst bestätigt, wie wir im Laufe dieses Buches beweisen werden.

Jeder kann diese Resultate selbst beobachten, er kann weiter tausend Zeugen befragen, wenn ihm tatsächlich an der Wahrheit gelegen ist. Jeder kann heute diese neue Energieform sogar selbst austesten.

Die Raumenergie tritt momentan einen Siegeszug rund um den Globus an, konkret in mindestens 20 Ländern zu diesem Zeitpunkt. Dennoch sei nicht verschwiegen, dass die Vertreter und Befürworter, die Forscher und die Entwickler der Raumenergie jahrzehntelang um Anerkennung kämpfen mussten. Der Krieg ist immer noch nicht zur Gänze ausgestanden.

Doch inzwischen gibt es zahlreiche Anwendungsmöglichkeiten, die hier klar dokumentiert sind: Beispielweise lassen sich mit "Raumenergie" bereits ganze Häuser, ja selbst Schlösser trockenlegen - und umgekehrt Feuchtigkeit und Befeuchtung einem Ort systematisch zuführen - und das alles mit relativ geringem Aufwand und zudem umweltfreundlich. Auch in der Medizin gibt es bereits Anwendungsmöglichkeiten. Tatsächlich stehen wir am Anfang einer völlig neuen Energieära, wir stehen vor einer *Energierevolution*.

Trotzdem tobt noch immer der Krieg rund um das Thema *Energie*, was nicht verwundert, denn es geht hier um einen Milliardenmarkt und um unvorstellbare Verdienstmöglichkeiten, es geht um Monopole und Oligopole.

Aber wir möchten nochmals unterstreichen: Selbst Otto Normalverbraucher kann inzwischen von der neuen Energierevolution profitieren. Er kann sich zum Nulltarif die Raumenergie zunutze machen, auf alle "Energiepolitik" gewissermaßen pfeifen und selbst diese neue Energiequelle anzapfen - wenn er nur bereit ist, genau hinzuschauen und einen Test zu unternehmen.

Mit diesen Anmerkungen steht Ihnen eine kleine Vorschau zur Verfügung, was dieses Buch für Sie bietet.

Gestatten Sie uns nur noch eine Anmerkung zu unserem "Stil", in dem die vorliegenden Seiten verfasst sind, bevor es dann richtig losgeht. Wir halten nichts davon, eine Materie kompliziert darzustellen, nur um als "Autorität" Anerkennung zu finden. Wir glauben im Gegenteil, dass es ein pädagogisches Verbrechen ist, Sachverhalte mit unnötigen Fremdwörtern aufzupeppen oder einer verwurstelten Grammatik zu frönen. Auch aus diesem Grunde sind die vorliegenden Seiten immer wieder mit Zeichnungen garniert, so dass sich eine Tatsache schnell verdeutlichen lässt. Der Fachmann, der an technischen Details interessiert ist, kommt jedoch trotzdem auf seine Kosten: Auf einigen Seiten, die sich nur an den Experten richten, kann er fündig werden und seine wissenschaftliche Neugier befriedigen.

Und eine letzte Bemerkung: Der Hauptautor dieses Buches ist ein Maschinenbauer mit HTL-Abschluss, er ist Ingenieur und Erfinder mit Leib und Seele. Er unternahm *persönlich* zahlreiche Experimente mit der Raumenergie, zeichnete für verschiedene Erfindungen verantwortlich und meldete mehrere Patente an. Weiter ist er der Gründer eines Unternehmens, dessen Produkte (rund 40.000 Geräte) mittlerweile in 20 Ländern benutzt werden. Diese Geräte basieren alle ... auf der Raumenergie. Der Autor engagierte sich also selbst nicht nur in der Grundlagenforschung zur Raumenergie, sondern setzte diese zielbewusst in die Praxis um. Dem Autor wurden für sein Engagement und seine Forschungen unter anderem die renommierte Kaplan-Medaille verlieren, ein Ehrenpreis des Wissenschaftsministeriums (Österreich) und die Goldmedaille auf der IENA 2001 (eine Ausstellung in Nürnberg, auf der Erfinder und Neuheiten vorgestellt werden) für die innovative, multifunktionale Raumenergietechnologie. Er wurde vom Österreichischen Erfinderverband ausgezeichnet und erhielt zahlreiche nationale und internationale Preise und Ehrungen. - Diese Zeilen dienen nicht dazu, den Autor zu beweihräuchern, sondern wollen nur von Anfang an den Praxisbezug und die Seriosität der Raumenergie bestätigen.

Lassen wir es mit diesen einleitenden Anmerkungen genug sein. Ihnen steht mit dem vorliegenden Buch ein wirkliches Abenteuer bevor, ein Abenteuer, das kein Hirngespinst und so real ist wie der Raum selbst, der Sie umgibt: eben das Abenteuer *Raumenergie.*

Fragen wir uns in diesem Sinne zunächst: Wie fing "eigentlich" alles an? Wann wurde erstmalig über die "Raumenergie" nachgedacht? Und was lehrt uns die Geschichte selbst, wenn wir die verschiedenen Energieformen untersuchen?

- 2 -
Raumenergie: Definition und Tradition

Es mag den Leser erstaunen zu erfahren, dass einige Energieformen, von denen wir annehmen, dass sie erst in jüngster Zeit entdeckt wurden, im Grunde genommen alt, ja uralt sind. Denken wir in diesem Zusammenhang nur an die Kernspaltung und die Atomenergie. Niemand geringerer als Robert Oppenheimer (1904-1967), der "Vater der Atombombe" und der wissenschaftliche Leiter des hochgeheimen *Manhattan-Projektes*, in dessen Rahmen die erste Nuklearwaffe der Neuzeit entwickelt wurde, wies darauf hin, dass offenbar schon vor Tausenden von Jahren die Atomenergie bekannt war.

Wir alle "wissen", dass die ersten Atombomben im Jahre 1945 über Japan abgeworfen wurden, über Hiroshima und Nagasaki, woraufhin die USA den Zweiten Weltkrieg gewannen.

Hinter den Kulissen hatten die besten Wissenschaftler der Welt fieberhaft an der Entwicklung der Bombe für die USA gearbeitet, unter strengster Geheimhaltung, konkret in einer Wüste Neu-Mexikos, das im Süden der Vereinigten Staaten gelegen ist. Man wollte auf jeden Fall Hitler-Deutschland zuvorkommen, wo ebenfalls die Entwicklung der Atombombe auf dem Programm stand, auch hier wurde alles streng unter Verschluss gehalten. Als die US-Bomben flogen, erschrak die gesamte Welt über die Power dieser neuen Energie. Die amerikanischen Piloten, die sie über Japan abwarfen, waren mit Zyankalikapseln ausgerüstet, für den Fall, dass sie in ihren Flugzeugen nicht rasch genug dem Inferno entkommen konnten. Und so glaubt die Welt bis heute, dass die Atomenergie eine Erfindung der Neuzeit ist.

Aber weit gefehlt! Robert Oppenheimer selbst, der kenntnisreichste Experte in Sachen Atomenergie, der später wider die verheerenden Auswirkungen der Bombe Stellung bezog, machte auf uralte *indische* Texte aufmerksam, in denen bereits auf das "Licht von tausend Sonnen" hingewiesen wurde und in denen von riesigen Zerstörungen und Strahlungsschäden die Rede war, wie sie eigentlich nur die Atomenergie anrichten kann. (1) Dieses Zeugnis Oppenheimers, der der uralten indischen Sprache, des Sanskrit, mächtig war und der immerhin als die Schlüsselfigur rund um die Kernenergie gilt, sollte zum Nachdenken anregen.

Im Klartext bedeutet das: Die Atomenergie ist aller Wahrscheinlichkeit nach keine Erfindung der Neuzeit! Wir müssen zumindest die Möglichkeit einräumen, dass die Kernenergie schon sehr viel früher genutzt wurde, vielleicht vor Tausenden und Zehntausenden von Jahren ...

Auch was unsere "Raumenergie" angeht, gibt es eine Überraschung: Tatsächlich wurde die Existenz der *Raumenergie* ebenfalls schon in frühesten indischen Schriften beschrieben! In den ältesten heiligen Schriften der Erde, nämlich den Veden, wurde die Raumenergie als *Prakriti* oder *Urenergie* bezeichnet. Das aber wirft sofort die Frage auf: Was wussten die indischen Hohepriester schon vor 10.000 Jahren?

Stöbern wir also ein wenig in den alten heiligen Büchern der Inder! Mit dem Begriff *Prakriti* wurde sowohl die Urmaterie bezeichnet, aus der das Universum angeblich besteht, als auch die Urenergie. Sie sei formlos, grenzenlos, ewig und alldurchdringend, behaupteten jedenfalls die alten indischen Weisen. Im Sanskrit bedeutet *pra* vorher, zuerst) und *kri* machen, tun. Es handelte sich also um eine "zuerst gemachte" Art von Materie oder Energie, so die wörtliche Übersetzung des Begriffs. *Prakriti* wurde als Grundlage jeder Materie und jeder Dynamik im Universum angesehen. Sie könne nicht wahrgenommen werden, aber aus ihr sei die sichtbare Welt hervorgegangen, so werden wir belehrt. Schier unendlich viele Erscheinungsformen und Kombinationen dieser Urkraft seien beobachtbar ...

Halten wir an dieser Stelle ein wenig ein. Fest steht, wir Heutigen müssen etwas von unserem modernen Überlegenheitswahn ablegen, wenn wir das Phänomen der "Raumenergie" untersuchen. Zumindest ihre Existenz wurde schon vor Tausenden von Jahren beobachtet!

Die "Raumenergie" ist in diesem Sinne keine Neuentdeckung, wahrscheinlich müssen wir präziser von einer Wiederentdeckung sprechen. Weiter muss man festhalten, dass schon die Wortwahl "Raumenergie" keineswegs unumstritten ist. Tatsächlich herrscht eine Art Anarchie, was die genaue Bezeichnung angeht, ferner eine Vielfalt von Theorien. Schlagen wir uns spaßeshalber einmal durch das Dickicht der Traditionen und der Definitionen.

RENÉ DESCARTES

Schon der französische Philosoph und Wissenschaftler René Descartes (1596-1650) dachte intensiv über den Raum selbst sowie die Energie im Raum nach.

Descartes? Nun bei ihm handelte es sich um einen der einflussreichsten Denker aller Zeiten. Tatsächlich bewirkte er in seinem Jahrhundert nichts weniger als eine intellektuelle Revolution, nicht zuletzt, weil er den erstaunlichen Versuch unternahm, die mathematische Methode auf die Philosophie anzuwenden, das heißt Genauigkeit in theologisch-philosophische Schlussfolgerungen einzubringen: Sein Ehrgeiz bestand darin, ein schlüssiges, in sich logisches, philosophisches Gedankengebäude zu erstellen, eine Vorgehensweise, die in völligem Gegensatz zu der früheren, mittelalterlichen Tradition stand.

Descartes war ohne Zweifel ein Genie. Dabei war er als Säugling so schwächlich, dass niemand glaubte, er würde überleben, ein Grund, warum er wahrscheinlich den Namen René erhielt (*renatus* bedeutet im Lateinischen "der Wiedergeborene"). Ausgebildet wurde er von den Jesuiten, bei denen er nicht nur die Mathematik, sondern auch den Zweifel lernte. Jedenfalls sind die Jesuiten dafür verantwortlich, dass Descartes sich in das Denken verliebte.

Mit 17 Jahren machte er sich auf nach Paris, wo er mathematische Erkenntnisse benutzte, um Geld im Glücksspiel zu gewinnen, weil er - wie viele scharfsinnige Denker - glaubte, er könne dem Gott Zufall auf die Schliche kommen. Schließlich ließ er sich in Holland nieder - er verfügte über ein hübsches väterliches Erbe -, lebte bequem in einem kleinen Schloss, hielt sich zahlreiche Dienstboten und eine Geliebte und begann, über philosophische Probleme nachzusinnen, unter anderem über die Seele und die Energie.

In gewissem Sinne bewies Descartes als Erster logisch die Seele: Zunächst formulierte er seinen berühmtesten Satz: *Je pense, donc je suis*, auf Latein: *Cogito ergo sum*, auf Deutsch: *Ich denke, also bin ich.* Descartes weiter: "Ich sehe deutlich, dass es nichts gibt, was ich leichter kennen kann als mein eigenes Selbst." Das Verhältnis zur Materie formulierte er so: "Den Stoff können wir nur durch den Geist erkennen."

Descartes erkannte schließlich: "Dieses Ich, das heißt: die Seele, durch die ich das bin, was ich bin, ist wesentlich verschieden vom Körper und kann leichter begriffen werden als der letztere."

Weiter folgerte er scharfsinnig: "Der unstoffliche Geist oder die Seele wird den Körper überleben." (2) Descartes gab also mit anderen Worten der unsterblichen Seele den Vorrang vor der Materie und der Energie. Trotz dieses faszinierenden Ausgangspunktes interessiert sich Descartes jedoch vor allem für die Naturwissenschaften und speziell für alle Fragen rund um Materie, Energie, Raum und Zeit. Es ist erstaunlich, in wie vielen Forschungsfeldern sich Descartes bewegte. Er machte Entdeckungen in Mathematik, Physik, Astronomie, Anatomie, Physiologie und Psychologie. Er verwandelte seine Gemächer in Laboratorien, unternahm zahlreiche Experimente, sezierte Tiere und maß alles, was zu messen war. Sein Ehrgeiz bestand darin, die mittelalterliche Wissenschaft auf ein höheres Niveau zu heben und Sachverhalte durch genau definierte, qualitative und quantitative Mengen oder präzise Zahlen zu beweisen.

Das Ergebnis konnte sich wirklich sehen lassen: Descartes entdeckte einige Gesetze der Geometrie und gab Hinweise auf die Infinitesimalrechnung. Er beschäftigte sich mit der Dreiteilung des Winkels und führte den Gebrauch der Buchstaben des Alphabets (als bekannte und als unbekannte Größen in einer Gleichung) ein. Er untersuchte die Phänomene des Flaschenzuges, des Keils, des Hebels, der Schraube und des Rades. Er formulierte die Gesetze der Trägheit und beschäftigte sich mit der Bewegungslehre. Die Augenlinse faszinierte ihn ebenso wie wirkliche Linsen, die halfen, sehr viel genauere Beobachtungen anzustellen. Er forschte über die Verdauung und die Atmung und sezierte Föten und interessierte sich für Sonne, Planeten und Sterne.

Ferner begeisterte er sich immer wieder für alle Fragen rund um die Energie. Er schlussfolgerte haarscharf, dass der angeblich gesamte "leere Raum" mit Materie/Energie ausgefüllt sein muss. Die Folge waren heftige Diskussionen in den Kreisen der Intellektuellen, wo man zunächst die Frage stellte, ob es überhaupt einen vollständig leeren Raum geben könne. Blaise Pascal (1623-1662), der bekannte französische Mathematiker, Physiker, Literat und Philosoph, suchte diese Diskussion zu beenden, indem er feststellte: "Eher erträgt die Natur ihren Untergang als den kleinsten leeren Raum." (3) Andere Denker widersprachen dennoch heftig, aber Pascal wies darauf hin, dass selbst das Fehlen von Luft nicht automatisch identisch sei mit einer völligen Leere des Raumes.

Halten wir an dieser Stelle einen Moment lang inne! Gestatten Sie es sich einmal, verehrter Leser, *selbst* nachzudenken und sich eine eigene Meinung zu bilden. Was glauben *Sie*? Ist ein völlig leerer Raum in der *Praxis* möglich? Wie lautet Ihre Antwort?

Bravo! Wenn Sie tatsächlich hierüber ernsthaft nachdenken, befinden Sie sich mitten in der wissenschaftlichen Diskussion des 17. und 18. Jahrhunderts! Sie konkurrieren mit den gescheitesten, klügsten Köpfen dieser Zeit!

Aber was ist die Antwort? Nun, wie wir heute wissen, existiert so etwas wie völlig leerer Raum tatsächlich nicht. Er ist nur theoretisch denkbar, praktisch gibt es keine vollständige Leere, gleichgültig, an welchem Ort des Universums man sich befindet. Erstmals, seit den alten Indern, war also erneut die Idee geboren worden, dass so etwas wie "Raumenergie" existieren könnte, das heißt Teilchen oder Partikel im scheinbar "leeren" Raum. Aber wie sollte man diesen Raum, der kein bloßer, leerer Raum sein konnte, benennen?

SIR ISAAC NEWTON UND DER ÄTHER

Isaac Newton (1642-1726), der als einer der bedeutendsten Wissenschaftler aller Zeiten angesehen wird, der einmalig intelligent erstmals Gravitations- und Bewegungsgesetze formulierte und sich durch schier unglaubliche Leistungen auf dem Gebiet der Mathematik und Physik auszeichnete, sprach in seinem Werk *Optick* (damals noch mit ck geschrieben) von einem *Äther*, welcher seiner Meinung nach für die Übertragung von Wärme verantwortlich war. Dieser Äther, dieses Medium, diese Raumenergie, so nahm Newton an, verliere in der Nähe von Materie an Dichte, der *Äther* besitze also keine gleichbleibende Natur.

Isaac Newton

Wir wollen an dieser Stelle über seine Theorie nicht urteilen, wir wollen nur festhalten, dass der Begriff des *Äthers* - auch Worte wie *Ätherfeld* oder *Ätherenergie* wurden auf einmal modern - erneut das Problem der Raumenergie ins Blickfeld rückte.

Der Begriff "Äther" existierte natürlich schon lange vor Newton, im Griechischen bedeutete *aither* "die obere Luft", in der nach den Vorstellungen der alten griechischen Denker die Sterne schwebten und die Götter wohnten. Einige vermuteten, dass das gesamte Universum von einem Äther durchzogen sei. Aber jetzt bezeichnete der *Äther* auf einmal eine konkrete physikalische Qualität, der man jedoch noch nicht ganz auf die Spur gekommen war. Jedenfalls beobachtete Newton dieses Phänomen der "Luft" mit ihren Eigenschaften sehr viel genauer, als es je zuvor ein Denker getan hatte.

Im 17., 18. und 19. Jahrhundert war man geradezu besessen von dem Begriff des *Äthers*, der nun auf einmal in allen möglichen Schriften zu finden war, auch in poetischen, medizinischen und philosophischen Werken. Doch interessant ist für uns an dieser Stelle nur die Physik.

Christian Huygens

Christian Huygens (1629-1695), ein niederländischer Astronom und zudem einer der führenden Mathematiker und Physiker des 17. Jahrhunderts, der die Wellentheorie des Lichts begründete, das Teleskop verbesserte und die ersten Pendeluhren konstruierte, sprach von einem "Lichtäther", denn der Äther war für ihn der Träger von Lichtwellen.

Newton betonte gegenüber Huygens den Teilchencharakter des Lichts. Der Äther war für ihn der Träger eben dieser Lichtteilchen. Bis heute schlagen sich, nebenbei bemerkt, die Physiker wechselseitig die Köpfe ein, wenn es darum geht zu bestimmen, ob das Licht eine Welle ist oder ob es aus Teilchen besteht. Die Wahrheit? Licht ist sowohl eine Welle, besteht aber gleichzeitig auch aus Teilchen!

FARADAY, KELVIN, MAXWELL, HERTZ

Der "Äther" wurde jedenfalls immer prominenter und immer beliebter als Hypothese.

Michael Faraday (1791-1867), ein englischer Physiker, sprach eines Tages sogar von "Kraftlinien im Äther".

Lord William T. Kelvin (1824-1907), ein irischer Physiker, bezeichnete den Äther als eine Art "kosmische Flüssigkeit".

James C. Maxwell (1831-1879) sah im Äther eine Art Träger für Bewegungen, die darin stattfinden.

Heinrich Rudolf Hertz

Heinrich Rudolf Hertz (1857-1894), einer der bedeutendsten deutschen Physiker des 19. Jahrhunderts, glaubte, dass ohne den lichttragenden Äther bestimmte Kräfte oder Energien nicht den Raum überwinden könnten.

Im 18. und 19. Jahrhundert sprachen Physiker ständig nur von diesem geheimnisvollen *Äther*, wenn sie die Raumenergie zu beschreiben versuchten. Sie hielten diesen *Äther* unter anderem für das Trägermedium des Lichtes. Wie sonst sollte sich das Licht in einem leeren Raum fortpflanzen können? Aber die Beschreibungen dieses *Äthers* waren höchst unterschiedlicher Natur. Offenbar war man hiermit auf ein Rätsel gestoßen, das es zu entschlüsseln galt. Der Entdeckungsgeist und die Neugier waren geweckt, die Herren Wissenschaftler hatten Blut geleckt.

DER FALL ALBERT EINSTEIN

Der Äther war auf einmal nicht mehr aus der Diskussion wegzudenken. Unbekümmert wurden wilde Theorien geboren, parallel dazu entstand teilweise ein gänzlich neues Vokabular.

Zu nennen im Reigen der großen Forscher rund um den *Äther* ist auf jeden Fall auch Albert Einstein (1879-1955), die Koryphäe schlechthin auf dem Gebiet der Physik im 20. Jahrhundert.

Albert Einstein

Einstein forschte ebenfalls unablässig über Raum und Zeit, weiter über Gravitation, Elektrodynamik, Quantenphysik und photoelektrische Effekte. Einstein stellte das bis dahin gängige Weltbild der Physik völlig auf den Kopf. Stark verkürzt gesprochen beinhaltete seine sogenannte *spezielle Relativitätstheorie*, dass es keinen absoluten Raum und keine absolute Zeit gebe, sondern beide vom Bewegungszustand des Betrachters abhängen. Weiter wies er auf die Ähnlichkeit der Begriffe von *Materie* und *Energie* hin, was für unseren Zusammenhang ebenfalls von Bedeutung ist; denn wann ist etwas (noch) Energie und wann (bereits) Materie? (Einstein sprach von *Masse.*)

Der *speziellen Relativitätstheorie* Einsteins ist es zu verdanken, dass der *Äther* zunächst aus dem physikalischen Weltbild, sprich aus Forschung und Wissenschaft, völlig verschwand. Aus welchem Grund? Nun, das Drama spielte sich im Jahre 1913 ab, aber es gibt hierzu einen hochinteressanten Twist, einen regelrechten Clou, denn tatsächlich handelt sich um einen kleinen Wissenschaftskrimi: Zunächst behauptete Einstein nach einem Versuch des US-amerikanischen Physikers Albert Abraham Michelson, der Lichtwellen im Zusammenhang mit dem Äther untersucht hatte, dass es in der Natur keinen *Äther* gebe. Das wissenschaftliche Establishment staunte. Und erhob sofort diese Theorie Einsteins zum Dogma, an dem nicht gerüttelt werden durfte.

Eine Ungeheuerlichkeit!

Wieder war das Gleiche passiert, was wir aus anderen Wissenszweigen kennen - etwa aus der Philosophie oder der Medizin. Sobald eine Person zur unantastbaren Autorität hochstilisiert worden ist, darf man an deren Ansichten nicht mehr rütteln.

Erinnern wir uns nur: Aristoteles (384-322 v. Chr.), einer der größten griechischen Philosophen, dominierte aufgrund zahlreicher Beobachtungen und vieler intelligenter Schlussfolgerungen unter anderem in der Biologie, Physik, Logik und Staatstheorie rund 2000 Jahre lang das Denken. Niemand durfte an seinen Thesen und Behauptungen rütteln oder Zweifel daran anmelden. Aristoteles wurde stur in den Schulen und in den Universitäten auswendig gelernt, in Italien, Deutschland, England, Frankreich und so fort. Niemand wagte es, selbstständig zu denken und so seinen eigenen Verstand zu gebrauchen. Erst in der frühen Neuzeit wiesen einige helle Geister zaghaft auf seine zahlreichen Fehler hin. Aristoteles wurde nach heftigen Widerständen schließlich entthront. Im Rahmen vieler Wissenschaften erlaubte man es sich, wieder eigenständig zu beobachten, ein ungeheuerlicher Fortschritt war die Folge. Vorher hatte man Aristoteles nur blind angebetet und vergöttert. Die "Aristoteles-Barriere" aber war mit einem Mal durchbrochen worden.

In der Medizin war es ähnlich mit Aelius Galenus (Galenos, Galen), der im zweiten nachchristlichen Jahrhundert lebte und bei den Römern hoch im Kurs stand. Es handelte sich bei ihm um einen griechischen Arzt, der als Sport- und Wundarzt die Gladiatoren Roms erfolgreich behandelte und wahrscheinlich sogar dem Kaiser selbst zu Diensten war. Niemand konnte es nach einiger Zeit mit der Reputation Galens aufnehmen. Seine medizinischen Theorien über Krankheit und Gesundheit stellten sicherlich einen Fortschritt dar zu seiner Zeit, und schließlich wurde dieser Arzt zu der Autorität schlechthin. Im gesamten Mittelalter, man muss es sich vorstellen, bis weit in das 16. Jahrhundert hinein, herrschte Galen unangefochten, niemand wagte, an ihm zu zweifeln!

Während dieser große Mann zweifellos einige hervorragende Beobachtungen anstellte, waren verschiedene Theorien dagegen schlichtweg falsch. Seine Auffassung etwa, wie das Blut angeblich durch den Körper floss, wurde erst im 17. Jahrhundert korrigiert. Vorher hatten alle Ärzte und Heiler die Theorien Galen schlicht auswendig lernen müssen. Aber die meisten Gelehrten irrten lieber mit Galen, als dass sie William Harvey (1578-1657) recht gaben, dem englischen Arzt, der schließlich den Blutkreislauf entdeckte und Galen korrigierte.

1400 Jahre lang hatten Ärzte und Forscher Galen also angebetet und nachgebetet, sie hatten keine einzige seiner Behauptungen hinterfragt!

Heute sehen wir uns im Falle Einsteins einem ähnlichen Phänomen gegenüber. Einstein wurde inzwischen sozusagen heiliggesprochen. Niemand darf an seinen Theorien rütteln. Dabei gibt es längst Beweise, dass er bei einigen seiner Experimente schummelte, man lese nur einmal sorgfältig vier oder fünf verschiedene Biographien über Einstein. (4) Weiter gibt es höchst ernsthafte Stimmen, die stark bezweifeln, dass sich nichts schneller als das Licht bewegen könne - eine Lieblingstheorie Einsteins, die jedoch nie bewiesen wurde! Bei allem Genie, das man auch diesem großen Manne nicht absprechen kann, ist es jedoch ein Fehler, selbst einen Einstein stumpf und gebetsmühlenartig nachzubeten.

Dabei steht der wirkliche Clou noch aus: Der Versuch Abraham Michelsons hatte Einstein zunächst dazu verführt anzunehmen, dass es keinen Äther gebe. Aber genau diese Schlussfolgerung wurde von Einstein selbst später wieder revidiert! Ein Wissenschaftskrimi! Einstein selbst revidierte tatsächlich im Jahre 1920 an der Universität Leiden/Holland öffentlich seine Meinung: "Aufgrund der Relativitätstheorie ist der Raum ohne Äther undenkbar." (5) Der springende Punkt ist: Dieser Widerruf fand niemals Eingang in die Lehrbücher. Es handelt sich hierbei um eine der größten wissenschaftlichen Unterschlagungen der letzten 100 Jahre.

Hinzu kommt, dass der Michelson-Versuch, zumindest laut vielen Kritikern (wie etwa W. A. Azjukowskij/Moskau) teilweise fehlinterpretiert wurde. Wie immer man über Michelsons Experiment urteilen mag, fest steht, dass selbst Einstein schlussendlich nicht ohne einen *Äther* in seinen Theorien auskam! Wieder war die Raumenergie auf dem Tisch des Hauses gelandet, auf dem Tisch des Hauses der Physik.

Dabei wurde es erst jetzt richtig aufregend.

DAS VERMÄCHTNIS NIKOLA TESLAS

Der prominenteste Name, der im Zusammenhang mit der Raumenergie zu finden ist, lautet Nikola Tesla, wir werden auf ihn an späterer Stelle noch ausführlicher zu sprechen kommen. Der Serbokroate, der später in die USA einwanderte, war immerhin der Erfinder oder Entdecker des Wechselstroms, des Funks, der drahtlosen Energieübertragung und vieler anderer Dinge mehr, er war geradezu der Prototyp des Erfinders. Tatsächlich kultivierte er einen gänzlich anderen Energiebegriff, als das vorher je der Fall gewesen war.

Schon im Jahre 1891 machte er folgendes Statement vor Zuhörern des *Institutes of Electrical and Electronics Engineers* (= abgekürzt IEEE, ein weltweiter Berufsverband von Ingenieuren aus der Elektrotechnik und Informationstechnik, Sitz New York City; dem IEEE wird eine besonders hohe Fachkompetenz zugesprochen): "Bevor viele Generationen vergehen, werden unsere Maschinen durch eine Kraft angetrieben werden, die an jedem Punkt des Universums verfügbar ist." (6) Nicola Tesla hinterließ Entdeckungen, Schriften und Aufzeichnungen, die bis heute nicht gänzlich verstanden und entziffert worden sind. Fest stand jedoch, er war einer Kraft auf die Spur gekommen, einem Geheimnis, das heute allgemein als "Raumenergie" bezeichnet wird. Kein Forscher erregte bislang die Gemüter der Physikgemeinde so sehr wie der mysteriöse, exzentrische Serbokroate.

FEINBERG UND KEIN ENDE

Immer und immer wieder wurde also von den größten Genies auf dem Gebiet der Physik auf diese "Raumenergie" verwiesen. Aber man sprach beileibe nicht mit einer Zunge, man befleißigte sich im Gegenteil verschiedener Sprachen und Ausdrücke.

Ein Meilenstein des Fortschritts bildeten auch die Forschungen Gerald Feinbergs (1933-1992). Professor Feinberg, ein Physiker an der renommierten Columbia-Universität/New York, sprach nicht von *Raumenergie*, sondern im Jahre 1966 von *Tachyonen-Energie. Tachyonen* (griech. tachys = schnell) sind angenommene winzige Elementarteilchen, die sich schneller als das Licht bewegen. Hierbei handelt es sich zunächst nur um eine These. Aber Feinberg sagte auch die Existenz von *Neutrinos* voraus - und behielt damit recht. *Neutrinos* sind elektrisch geladene, neutrale Elementarteilchen mit unglaublich geringer Masse. Heute weiß man, dass ein Strahl, bestehend aus Neutrinos, massivste Schichten durchdringen kann, beispielsweise die gesamte Erde. Erneut wurde also entdeckt oder wiederentdeckt, dass der "Raum" keineswegs leer ist, sondern von allen möglichen Teilchen bevölkert ist, dass in ihm mit anderen Worten eine Art Energie existiert. Feinberg sagte die Existenz von zwei Neutrino-Sorten voraus, was später durch die Experimente zweier Kollegen bestätigt wurde, wofür alle drei den Nobelpreis erhielten.

Die Existenz seiner *Tachyonen* ist dagegen bis heute noch nicht experimentell bestätigt, das Lager der Physiker ist gespalten. Tachyonen-Energie, so wurde philosophiert, sei eine kosmische

Urenergie, aus der das gesamte Universum hervorgegangen sei. Angeblich existiere sie zunächst in einem formlosen Zustand. Erneut fühlen wir uns an die alten Inder erinnert ...

Fest steht jedoch, dass es sich auch im Falle Feinberg um alles andere als um einen Spinner handelte. Auch er nahm also so etwas wie eine *Raumenergie* an, benutzte jedoch neue Vokabeln und Ausdrücke, die sehr konkrete physikalische Eigenschaften beschrieben.

BABYLONISCHER BEGRIFFSWIRRWARR

Weiter tummeln sich im Umfeld der "Raumenergie" folgende Begriffe: *Freie Energie, Dunkle Energie, Vakuumfeld, Vakuumenergie, Quintessenz, Quantenfeld* und *Neutrinopower.* Sie bezeichnen oft die gleiche Beobachtung - nämlich dass der Raum nicht leer ist und von Teilchen, von Energie, bevölkert und beseelt ist.

Manchmal wird die Raumenergie auch als *Nullpunktenergie* bezeichnet. Mit *Nullpunk*t wird in der Regel auf den thermischen Nullpunkt gedeutet - der absolute Nullpunkt der Temperaturskala also. Von diesem Punkt aus kann etwas nicht weiter abgekühlt werden.

Der Forscher Inomata (Japan) nannte die Raumenergie *Shadow energy,* also *Schattenenergie*, da sie nur ein ungreifbarer Schatten sei. Auch das ist eine gelungene Bezeichnung, denn man kann sie nicht berühren oder mit dem Tastsinn erfahren.

Eines Tages jedenfalls wurde ihre Existenz tatsächlich bewiesen! Die Welt stand Kopf!

Bevor wir aber nun unseren Bericht über die Raumenergie fortsetzen, müssen wir zunächst noch einmal in die Geschichte eintauchen, um das Phänomen der *Energie* überhaupt zu verstehen. Nur dann können wir die Erscheinungsform der *Raumenergie* einordnen und ihr wirklich gerecht werden.

- 3 -
QUANTENSPRÜNGE DER ENERGIEFORSCHUNG (1)

Tatsächlich könnte man die gesamte Geschichte des Menschengeschlechts neu beleuchten und neu schreiben, nur unter dem Aspekt der *Energie*. Man könnte also die Historie als einen Kampf um Erkenntnis in puncto der intelligentesten Energieform verstehen und würde dabei in vielen Fällen den Nagel auf den Kopf treffen, denn nichts veränderte die Geschichte so sehr wie die Entdeckung einer neuen Energiequelle. Denken wir in diesem Sinne nur einmal daran, wie sehr sich das Leben veränderte, als der Mensch das erste Mal das Feuer zu nutzen begann.

URANFÄNGE

Nach wie vor liegen die Anfänge des Menschengeschlechts im Dunkeln, wenn auch vielfach von einigen Historikern so getan wird, als hätten wir alle Rätsel längst gelöst. Immerhin scheint so viel festzustehen, dass dem Menschen anfänglich nur seine eigene Muskelkraft zur Verfügung stand. Früh bediente er sich des

Speeres, um diese Muskelkraft punktgenau auszurichten und um zu jagen. Er verwendete seine Muskelkraft ferner dazu, um rohe Steinäxte und andere Werkzeuge herzustellen, die diese Körperenergie gezielter zum Einsatz bringen konnten.

Ein Quantensprung wurde eingeleitet, als der Mensch eines Tages die Macht und Kraft des Feuers entdeckte - Forscher schätzen etwa zwischen 40.000 bis 10.000 Jahren vor Christus. Feuer stellte Licht und Wärme zur Verfügung, nötig war dazu nur etwas trockenes Holz und ein Oxidationsmittel, der Sauerstoff der Luft, der jedoch reichlich vorhanden war. Durch Reibung entzündete man das Holz gezielt und bewusst. Plötzlich war der Mensch Herr über das gefürchtete Feuer, ein ungeheuerlicher Triumph. Jetzt erst wurde Zivilisation möglich. Früh schon wurde Feuer dazu benutzt, um Nahrung zu kochen oder zu braten, um Licht und damit Schutz vor Raubtieren und Insekten zu gewährleisten und um kalte Winterabende und -nächte zu überstehen. Die Zähmung des Feuers bedeutete jedenfalls einen gewaltigen Sprung nach vorn, erstmals bediente man sich einer fremden Energie.

Die nächsthöhere Ebene wurde beschritten, als der Mensch klug genug war, sich der Energie von Tieren zu bedienen. Auf Pferden konnte man reiten, Ochsen konnten Furchen in Ackerböden ziehen, Hunde Schafe bewachen oder bei der Jagd helfen. Die Muskelkraft der Tierwelt war mannigfaltig und schuf hundert neue Möglichkeiten, um in diesem Spiel, das da heißt *Überleben*, besser zu bestehen.

Weiter bediente man sich darüber hinaus auch der Energie der Sonne und des Wassers, wenn man etwa Felder bestellte, sie bewässerte und die Sonne den Rest der Arbeit erledigen ließ. All diese Energieformen existieren noch heute und sind nach wie vor in Gebrauch, wenn sie auch inzwischen sehr viel ausdifferenzierter und intelligenter angewendet werden. Aber schon im Altertum waren unsere Vorfahren, wenn es um das Thema Energie ging, mit einem Witz gesegnet, der uns noch heute staunen lässt.

DIE GEBURT DER WELTKULTUR

Aller Wahrscheinlichkeit nach entstanden die frühesten Hochkulturen an verschiedenen Punkten des Globus - in Indien, China, im Vorderen Orient, in Ägypten und Mittelamerika. Betrachten wir an dieser Stelle nur eine einzige Hochkultur, die der Ägypter, die mindestens 5000-6000 Jahre alt ist, einige Forscher nehmen ein sehr viel höheres Alter an. Die architektonischen Leistungen der alten Ägypter waren atemberaubend, man denke nur an die Pyramiden und die zahlreichen Tempel, deren Pracht und Majestät uns noch heute begeistern. Man baute vornehmlich mit weißem Marmor, Granit, Diorit und Alabaster. Raffinierte, riesige Säulen und Obelisken wurden hochgewuchtet. Zahlreiche Bauten, bewacht von Sphinxen und Statuen, und sogar ganze Städte entstanden, sie wurden geradezu aus dem Nichts gestampft. Die Energie, die man einsetzte, um diese Wunderwerke der Architektur zu schaffen, waren in erster Linie Sklavenmuskeln, aber es gab auch "freie" Arbeiter und Bauingenieure, mit einem zum Teil erstaunlichen Know-how. Buchstäblich Hunderttausende von Sklaven arbeiteten manchmal an einer einzigen Pyramide.

Wenig bekannt jedoch ist der Umstand, dass es im alten Ägypten bereits regelrechte Hochschulen und Bauhochschulen gab, in denen Mathematik, Geometrie, Metallurgie und Architektur gelehrt wurden. Bereits während der frühesten Dynastien lernten die Ägypter, Kupfer und Zinn zu schmelzen und Bronze herzustellen. "Es gab Räder, Walzen, Hebel, Flaschenzüge, Keile, Drehbänke, Schrauben, Bohrer, Sägen und hundert Arten von Handwerkern, wie die Bauhandwerker, die Glasbläser, die Holzschnitzer, die Lackierer, die Emaillierer oder die Weber. Handwebstühle und anderes technisches Inventar entstand, das bis zur Erfindung der Dampfmaschine in unserer vielgepriesenen Neuzeit nicht übertroffen wurde.

(...) Weiter machte die Wissenschaft Quantensprünge. Die Mathematik wurde geboren, die Astronomie und ein Kalender. Anatomie und Physiologie, Medizin und Chirurgie erblickten das Licht der Welt. Die Ägypter waren weit über ihre Grenzen hinaus bekannt für ihre Heilkunst. Es gab bereits Gynäkologen, Augenärzte, Ärzte, die nur auf Darmleiden spezialisiert waren, Schädelbruch-Chirurgen und andere Experten mehr." (1)

Bis heute wird das technische Know-how der alten Hochkulturen im Allgemeinen völlig unterschätzt. Neben der Muskelarbeit, die billig war, wurde die Wasserenergie klug genutzt - man kann noch heute davon lernen! Ingenieure entwarfen zahlreichen Kanäle und Bewässerungsanlagen, die dafür verantwortlich waren, dass der Ackerbau auf ein vollständig neues Niveau gehoben wurde. Da die Überschwemmungen des Nils für die Fruchtbarkeit des Bodens und das Wachstum des Getreides verantwortlich waren, verfielen kluge Gehirne darauf, diese Überschwemmungen mittels genauer Kanäle geschickt zu kontrollieren. Die Wasserenergie wurde also bereits vor mindestens 6000 Jahren mit unerhörter Intelligenz genutzt.

DAS ALTE GRIECHENLAND

Setzen wir von der ägyptischen Küste über nach Griechenland, so geraten wir ebenfalls ins Staunen. Schon vor 2.500 Jahren verfügten die alten Griechen ebenfalls über ein beträchtliches mechanisches Know-how und nutzten geschickt verschiedene Energiearten. Sie kannten bereits eine Uhr, die durch Wasser angetrieben wurde, und sogar eine Art Orgel, bei der die Luft durch einfließendes Wasser kontrolliert und manipuliert wurde. Selbst Waschbecken, in die automatisch Wasser einströmte, existierten.

Am raffiniertesten waren vielleicht die Priester, die die Gläubigen unendlich beeindrucken mussten. Es gab Tempeltüren, die sich auf geheimnisvolle Art und Weise öffneten, scheinbar von Götterhand bewegt. In Wahrheit jedoch öffneten sie sich nur dann, wenn Priester das Opferfeuer entzündeten: Die vom Feuer aufsteigende heiße Luft setzte (kleine unsichtbare) Hebel in Bewegung, die mit eben den Tempeltüren in Verbindung standen. Und so öffneten sich scheinbar "automatisch" die Türen. Man hatte bereits beobachtet, dass Wasser und Luft sich ausdehnten, wenn Wärme zum Einsatz kam. Diese Ausdehnung wurde genutzt, um göttliche Kräfte vorzutäuschen.

Betrachten wir eine Variation dieses Priestertricks etwas genauer: Durch den Einsatz von Feuer dehnte sich Wasser in einem Behälter aus, woraufhin das Wasser zunächst in ein anderes, zweites Gefäß floss. Dieses nun schwerere zweite Gefäß war mit einem Seil verbunden, das einen *Zug* auslösen konnte. Das Seil war um einen Türpfosten gewunden. Durch das Ziehen drehte sich der Türpfosten, und die Tür öffnete sich scheinbar auf magische Weise. Erlosch das Feuer, so floss das Wasser zurück in das erste Gefäß. Das Seil wurde nun in die andere Richtung gezogen und die Tempeltür schloss sich wieder scheinbar "automatisch" und auf geheimnisvolle Weise.

Es gab viele solcher Priestertricks, nebenbei bemerkt schon bei den alten ägyptischen Priestern und später auch im Christentum.

Viele mechanische Erfindungen existierten, die sich des Wasserdrucks bedienten, woraufhin der Gläubige von Ehrfurcht ergriffen wurde und sein Geldsäckchen öffnete. Die betrügerische Methode, eine Statue der "heilige Maria voll der Gnaden" viele hundert Jahre später "weinen" zu lassen, ist uralt und lediglich auf das Wissen um die Eigenschaften des Wassers und einige kleine mechanische Vorrichtungen zurückzuführen.

Alle Tricks wurden von den Priestern streng geheim gehalten.

Aber zurück zu den alten Griechen. Tatsächlich wussten sie noch sehr viel mehr: Der berühmteste griechische Erfinder der Antike war zweifellos Archimedes (ca. 287-212 v. Chr.), ein Mathematiker, Physiker und Ingenieur besonderer Art. Archimedes entwickelte bereits Wurfmaschinen, als es galt, Syrakus, seine Heimatstadt auf der Insel Sizilien, gegen die Römer zu verteidigen. Er verfasste außerdem zahlreiche (mathematische und physikalische) Traktate, so über Kugel und Zylinder, über Ellipsen und schwimmende Körper, über Hebel und Spiegel, über den Kreis und die Kreismessung und über Flächen- und Volumenberechnungen etwa. Er experimentierte mit Maschinenelementen (wie Schrauben und Seilzügen, Flaschenzügen und Zahnrädern) und suchte, Energie zu bündeln, in eine einzige (gewünschte) Richtung zu lenken und mechanisch zu verhundertfachen. Am spektakulärsten waren seine Kriegsmaschinen, mächtige Katapulte, die selbst die Weltmacht Rom das Fürchten lehrten. Zumindest die Legende kennt weiter riesige mechanische Greifarme, die plötzlich unter römischen Schiffsbäuchen auftauchten, sie packten und sie angeblich zermalmten und in die Tiefe rissen. Archimedes soll sogar feindliche römische Schiffe in Brand gesteckt haben - mithilfe von riesigen, gekrümmten Spiegeln, die das Sonnenlicht fokussieren konnten, über eine beträchtliche Entfernung hinweg. Tatsächlich wurde 2300 Jahre später genau dieses Experiment in den USA nachgestellt - mit durchschlagendem Erfolg.

Und so erkennen wir erneut, dass bereits im Altertum ein beträchtliches Wissen über Energien existierte, ob es sich nun um die Sonnenenergie handelte oder um die Energie des Wassers. Die alten Griechen wussten, mittels Maschinen Energieeinsparungen zu machen, wie man das heute ausdrücken würde, sie erkannten sogar bereits, dass die Chemie oder ein Wissen um bestimmte Substanzen notwendig war, um (neue) Energieformen zu schaffen. Das war etwa der Fall bei dem ebenso geheimnisvollen wie berühmten *griechischen Feuer.* Ursprünglich wurde es *flüssiges Feuer* genannt oder *Seefeuer*, es handelte sich dabei um eine gefährliche Brandwaffe, die man auf andere, angreifende Schiffe abschoss.

Wir kennen den Einsatz des griechischen Feuers bereits seit dem 7. Jahrhundert nach Christus. Es handelte sich um eine Art Flammenwerfer, der Panik und Entsetzen auf Seiten der Gegner auslöste. Erdöl oder Asphalt waren wahrscheinlich die Grundlagen, die benutzt wurden, um das griechische Feuer herzustellen, weitere Bestandteile waren möglicherweise Baumharz, Schwefel und gebrannter Kalk, ab dem 10. Jahrhundert unter Umständen Salpeter. Das genaue Gemisch wurde streng geheim gehalten. Diese gefürchtete Waffe verursachte ein unbeschreibliches Chaos, ein donnerndes Geräusch begleitete den Einsatz. Ein Brand, der durch das griechische Feuer ausgelöst wurde, war praktisch nicht zu löschen: eine Druckpumpe (Feuerspritze) schoss einen konstanten Strahl einer brennbaren Flüssigkeit auf ein feindliches Schiff etwa. Die Druckpumpe bestand aus Bronze und war mit Zinn verlötet. Auch gegen Holzkonstruktionen zu Lande wurde das griechische Feuer eingesetzt, aber vor allem zur See war seine Wirkung überwältigend. Es war der Methode mit Tonkrügen, die mit Brandmitteln gefüllt waren und die mit verschiedenen Schleuder- oder Katapultsystemen in das feindliche Lager geschossen wurden, weit überlegen, weil es so verheerend wirkte und praktisch nicht eingedämmt werden konnte.

Buchstäblich Jahrhunderte lang war das griechische Feuer das bestgehütete Staatsgeheimnis des byzantinischen Weltreiches. Da das Gesamtsystem höchst komplex war, gelang es Feinden nie, es zu kopieren oder gar eine Gegenwaffe zu entwickeln. Tatsächlich ging das genaue Rezept gemeinsam mit dem Byzantinischen Reich unter.

Und so erkennen wir erneut, wie raffiniert inzwischen "Feuer" als Energie eingesetzt wurde, ja selbst die Chemie spielte bereits eine Rolle, von den mechanischen Vorrichtungen ganz zu schweigen.

Allein die Erfindung des griechischen Feuers war der Hauptgrund, warum sich die Byzantiner die eindringenden Araber und

Turkstämme so lange vom Leib halten konnten: Sie verfügten über mehr Wissen in Bezug auf Energie!

Das griechisch-byzantinische Reich (benannt nach der Hauptstadt Byzanz, die später umgetauft wurde in Konstantinopel und heute Istanbul heißt) hatte immerhin rund eintausend Jahre lang Bestand. Wage einer zu behaupten, das Wissen um Energie sei nicht verantwortlich für den Lauf der Geschichte!

WAS DIE ALTEN RÖMER WUSSTEN

Genau betrachtet verdanken die Deutschen den Römern nichts weniger als eine höhere Kulturstufe, auch in Sachen Energie, was sich durch viele lateinische Vokabeln belegen lässt, die "eingedeutscht" wurden und die heute kaum mehr als "Fremdwörter" empfunden werden. Neben dem "germanischen Erbwortschatz", wie das der Fachmann nennt, "mogelten" sich also schon recht früh lateinische Wörter in unsere deutsche Sprache - und nicht wenige rankten sich um eine höhere "Technik".

Denken wir nur an folgende Ausdrücke aus dem militärischen Bereich:

Pfeil (der Begriff entstand aus dem lat. Wort pilum = Speer),
Kastell (lat. *castellum* = Festung) oder
Militär (lat. *miles* = Soldat).

Aus dem Bereich der Bautechnik kennen wir ebenfalls viele Wörter, wie etwa:

Mauer (lat. *murus*),
Pfeiler (lat. *pilarius*),
Pfosten (lat. *postis*) oder
Pforte (lat. *porta*).

Unseren germanischen/deutschen Vorfahren war die Bauweise mit Steinen unbekannt, mit denen feste Straßen und massive Häuser erstellt werden konnten - im Gegensatz zu den Römern. Also übernahmen sie lateinische Begriffe, die sich langsam wandelten. Das lateinische Wort *murus* verwandelte sich etwa auf einer deutschen Zunge zunächst in *mura* (althochdeutsch), dann in *mure* (mittelhochdeutsch) und führte schließlich zur *Mauer*.

Beispiele aus dem Bereich der Landwirtschaft sind:
Sichel (lat. *secula*) und
Mühle (lat. *molina*).

Die Germanen kannten vor den Römern keine Wassermühlen und keine Sichel!

Sogar den *Anker* (lat. *ancora*) übernahmen unsere Vorfahren, denn zuvor hielten die Germanen ihre Boote davon ab, vom Ufer abzutreiben, indem sie sie mit riesigen Steinen beschwerten.

Eine höhere Technik, ein intelligenterer Umgang mit "Energie" war also kurz gesagt gegeben, als man in unseren Breiten anfing, von den Römern zu lernen. Die Römer kannten den Pflug, den Spaten, die Hacke, die Spitzhaue, die Heugabel, die Sense und den Rechen - Geräte, die sie ihrerseits von früheren Kulturen übernommen hatten. Getreidekörner wurden in Mühlen gemahlen, die durch Wasserkraft oder mittels Tierenergie angetrieben wurden.

Die alten Römer verbrannten Holz, brannten Ton zu Gefäßen, Ziegeln und Backsteinen, mahlten Korn, buken Brot und konservierten Nahrungsmittel. Die wichtigsten Brennstoffe waren Holz und Holzkohle, Kohle fand nur in Schmieden Verwendung, das Öl als Energielieferant wurde vernachlässigt. Die Kunst der Metallverarbeitung kam von den alten Ägyptern über Umwegen zu den Römern. Es gab bereits Schmelzöfen und Brennöfen. Verschiedene Metalle wurden in die entsprechenden Formen gegossen und gehämmert.

Tatsächlich gab es zahlreiche technische Einrichtungen, aber der Erfindungsreichtum wurde ausgebremst durch die Existenz der vielen Sklaven, die Arbeit immer noch billiger erledigen konnten als jede Maschine. Dennoch gab es Schraubenpressen, Schraubenpumpen, Wasserräder, Spinnräder und Webstühle sowie den Flaschenzug und die Drehscheibe für die Töpfereien. Bis ins 18. Jahrhundert fand praktisch kein weiterer Fortschritt statt, was das Thema *Energie* anging!

Am berühmtesten waren die Römer für ihre Bautechniken, die weit höher entwickelt waren als in allen Kulturen dieser Zeit. Das hatte unter anderem mit der Erfindung des Zementes zu tun. Die Römer mischten Vulkanasche mit Kalk und Wasser, warfen in den Brei Ziegel-, Topf- und Marmorscherben sowie kleine Steinchen - und erhielten eine Bausubstanz mit hervorragenden Qualitäten. Ihre Straßen und Bauten waren hochberühmt im Altertum. Das alte Italien verfügte bereits über 372 gepflasterte Hauptstraßen, man muss es sich vorstellen! Weiter bauten die alten Römer Tempel, Paläste, Wohnhäuser, Theater, Thermen und Bäder in reicher Zahl. Das berühmteste "Theater" war das Kolosseum, dessen Reste man noch heute in Rom bewundern kann und das eine kleine Vorstellung davon vermittelt, auf welchem Niveau sich bereits die alten Römer in Bezug auf das Thema *Energie* befanden. Das Kolosseum war unterkellert und mit hunderterlei mechanischen Raffinessen versehen. Die Arena konnte sogar geflutet werden, um eine Seeschlacht darzustellen und Tausende von Zuschauern zu Begeisterungsstürmen hinzureißen.

Ein umfangreiches System aus Räumen, Gängen und Versorgungsschächten befand sich unter diesem Riesentheater. Wilde Tiere, zum Tode verurteilte Verbrecher und Gladiatoren konnten über komplizierte Bühnenmaschinerien und mechanische Aufzüge urplötzlich wie aus dem Nichts oben in der Arena erscheinen. Es gab in diesem Kolosseum Falltüren, Rampen, Winden und Flaschenzüge, in einigen römischen Theatern wurden manchmal komplette Wald- oder Wüstenlandschaften dem staunenden Publikum in Minutenschnelle vor Augen geführt. Es gab sogar bereits so etwas wie Geschwindigkeits- und Entfernungsmesser. Selbst die Energie der Luft wurde intelligent genutzt, denn die römischen Theater waren in Bezug auf den Schall und die Akustik einzigartig: Man wusste, dass ein Ton nichts anderes als eine Luftschwingung war. Die Akustik wurde durch Hohlkrüge verbessert, die in den Boden und in die Wände eingelassen waren. Zuschauerbühnen kühlte man in einigen Theatern durch Wasserläufe.

Berühmter als die römischen Theater waren nur noch die *Aquädukte*, die antiken römischen *Wasserleitungen*, von denen selbst heute noch (!) einige in Gebrauch sind.

Man kannte bereits die Methode, mittels Kanälen riesige Landflächen und Sümpfe trockenzulegen und Abwässer zu entsorgen, griechische, römische und syrische Techniker waren in diesem Fall die Experten. Aber die Aquädukte waren eine Erfindung ganz eigener Art, sie stellten die größte technische Errungenschaft im alten Rom dar, sie waren ein schieres Wunderwerk. Aus zum Teil weit abgelegenen Quellen führten vierzehn Wasserleitungen mit einer Gesamtlänge von 2100 Kilometern allein nach Rom. Täglich wurde auf diese Art über eine Milliarde Liter Wasser in die damalige Hauptstadt der Welt geführt. Das Wasser versorgte Wohnhäuser und Paläste, Bäder und Fischteiche, Kanäle und Gärten, Kasernen und Brunnen, sie veränderten das Gesicht ganz Roms. In den Bädern vergnügten sich Tausende von Römern täglich. Berge wurden durchgraben und Täler geebnet, nur damit diese Aquädukte Rom mit dem lebenswichtigen Wasser versorgen konnten. Künstliche Seen wurden angelegt und die Bevölkerung mit dem lebensspendenden Nass verwöhnt. Ein Heer von Technikern war allein mit der Instandhaltung dieser Aquädukte beauftragt – es handelte sich um eine eigene Industrie. Wahrscheinlich gab es sogar bereits eine "Wasserpolizei", denn wir wissen, dass einige Bordellbesitzer sowie

Großgrundbesitzer unerlaubterweise bestimmte Aquädukte an verbotenen Stellen anzapften. (2)

Die gesamte Hauptstadt war ferner mit einem Netz von Kanälen durchzogen, das benutztes Wasser wieder ausleitete, tatsächlich unterschied man bereits genau zwischen verschiedenen Qualitäten in Bezug auf das Wasser. Man differenzierte weiter sorgfältig zwischen Leitungen außerhalb der Stadt und innerhalb der Stadt. Das Wasser selbst wurde an den Quellen gereinigt, indem man sie mit wasserdurchlässigen Mauern umgab, durch die das Wasser sickerte, was den "Schmutz" aussiebte. Eine andere Methode bestand darin, das Wasser zunächst in Stauseen zu leiten, wo sich Unreinheiten auf dem Boden absetzen konnten. In regelmäßigen Abständen gab es neben den Aquädukten sogar Belüftungs- und Inspektionsschächte. Innerhalb der Stadt gab es zahlreiche öffentliche Brunnen sowie Thermen, in denen man heiße und kalte Bäder nehmen konnte. Die Räume dieser Thermen wurden bereits mit Warmluft geheizt. Tonrohre unter den Böden führten den Thermen Heißluft zu. Kurz gesagt sollte es rund 1500 Jahre dauern, bevor die römischen Aquädukte von modernen Einrichtungen erreicht und übertroffen wurden!

Aber auch auf anderen "Energiefeldern" trieben die alten Römer die Entwicklung voran. Die Schifffahrt erreichte eine neue Höhe, Historiker kennen Handelsschiffe, die 1000 Tonnen Fracht befördern konnten. Noch immer ruderten Galeerensklaven, aber Segel spielten zunehmend eine bedeutendere Rolle. Ein ganzes System von Signalapparaten existierte bereits, die Leuchtzeichen untereinander austauschten, eine primitive Form des Telegraphen.

Und so erkennen wir erneut, dass selbst in der Antike hochintelligente Techniken existierten, die weit über das hinausgehen, was im Allgemeinen bekannt ist. Die Sonnenenergie, die Windenergie, das Feuer, die Muskelkraft von Tier und Mensch, die Wasserenergie - all das wurde bereits erstaunlich klug genutzt.

Die billigen Sklaven, die in großer Zahl zur Verfügung standen, verhinderten jedoch einen größeren Fortschritt in Bezug auf das Thema *Energie*, denn was sollte man sich den Kopf über Neuerungen zerbrechen, wenn Arbeitskräfte so preiswert auf den Sklavenmärkten einzukaufen waren. Das alte Rom erreichte trotzdem eine erstaunliche Höhe, denn der Römer der Antike war ein sehr praktisch orientierter Mensch. Rom bildete jedenfalls den Sockel, auf dem spätere Kulturen aufbauten. Selbst wenn eine Zivilisation untergeht, so reicht sie trotzdem den Stab weiter. Doch es sollte mehr als ein ganzes Jahrtausend bis zur nächsten Energierevolution dauern, die dann freilich alles auf den Kopf stellte, was man sich bislang in seinen kühnsten Träumen hatte vorstellen können.

- 4 -
QUANTENSPRÜNGE DER ENERGIEFORSCHUNG (2)

Wir nähern uns mehr und mehr unserem Thema, der *Raumenergie*, die nicht voll umfänglich zu verstehen ist, wenn man nicht auch alle anderen Energieformen einordnen kann. Bleiben wir deshalb der Chronologie zumindest halbwegs treu, was die verschiedenen Entdeckungen angeht. Tatsächlich tat es nach rund 1000 bis 1500 Jahren auf einmal einen Schlag nach dem anderen.

DIE GRAVITATION ODER DIE SCHWERKRAFT

Nach einem intellektuellen Vakuum praktisch während des gesamten Mittelalters (ca. 500-1500 n. Chr.) machten sich einige findige Denker und Köpfe schließlich daran, das Thema *Energie* wieder aufzugreifen. Früh rückte die *Gravitation* oder *Schwerkraft* ins Gesichtsfeld. Unter Gravitation (lat. *gravitas* = *Schwere*) versteht man - sehr vereinfacht ausgedrückt - die gegenseitige Anziehungskraft von Massen. Es handelt sich bei der Gravitation um eine Energie, die unseres Erachtens bis heute nicht vollständig ausgelotet worden ist.

Aber was ist das eigentlich - Gravitation? Die Schulphysik kennt über 80 Erklärungsversuche. Tatsächlich stellt sie eines der größten Geheimnisse des Universums dar! Warum - so könnte man in aller Naivität fragen - müssen sich Massen eigentlich wechselseitig anziehen? Gibt es nicht noch mehr Möglichkeiten, sich diese gewaltigen Urkräfte sehr viel umfänglicher zunutze zu machen?

Denken wir beispielsweise nur einmal an Raumflüge! Wenn es gelänge, mittels der Gravitationsenergie Raumschiffe zu "speisen", sprich die Gravitationskräfte verschiedener Planeten umzuwandeln in Antriebsenergie, würde erneut ein neues Zeitalter beginnen! Raumschiffe müssten lediglich mit Maschinen ausgestattet werden, die die *Richtung* der verschiedenen planetarischen Gravitationen verändern und zum eigenen Vorteil nutzen könnten ...

Aber verbieten wir uns im Moment noch das Träumen und bleiben wir bescheiden zunächst auf der Erde und auf dem Boden der Tatsachen. Auf der Erde bewirkt die Gravitation, dass Körper, hochgeworfen, nach "unten" fallen. Alles, was man in die Luft wirft, kehrt automatisch auf den Boden zurück. Unsere Füße sind auf dem Boden der Erde gewissermaßen angeheftet und festgenagelt durch diese mysteriöse Energie, genauso alle Gegenstände und Objekte, deren wir ansichtig werden. Innerhalb des Sonnensystems bewirkt die Gravitation, dass sich die Planeten (Merkur, Venus, Erde, Mars, Jupiter und so fort) um die Sonne drehen. Unser Mond wird von der Gravitation der Erde in seiner Umlaufbahn gehalten. Alle Galaxien gehorchen den Gesetzen der Gravitation, ja das gesamte Universum. Es handelt sich um nichts weniger als um eine absolut erstaunliche Urkraft!

Wieder gibt es interessanterweise altindische Quellen, die bereits auf die Gravitation aufmerksam machten, sowie antike und mittelalterliche griechische und persische Autoren, die versuchten, den Gesetzen der Schwerkraft auf die Spur zu kommen. Auch die Theorie des *Äthers* wurde wieder bemüht, denn auf welche Weise sollten und konnten sich Massen eigentlich anziehen? Wie traten sie miteinander "in Kommunikation"?

Die Anwendungsmöglichkeiten verschiedener Theorien waren zunächst bescheiden. Erst Galileo Galilei (1564-1642), der berühmte italienische Mathematiker, Physiker und Astronom, beobachtete die Bewegungen, die durch die Gravitation ausgelöst wurden, genauer, ja sehr genau. Tatsächlich studierte er die gleichmäßige, beschleunigte Bewegung über vierzig Jahre lang. Danach stellte er seine berühmten Fallgesetze auf. Auch Newton interessierte sich brennend für die Gravitation und formulierte einige weitere Gesetze, die später durch Einstein modifiziert wurden.

Inzwischen wissen wir dies mit unumstößlicher Gewissheit: Auf der Erde beträgt die Gravitations(-Beschleunigung) im Durchschnitt 9,81m/s^2, ein Wert, der inzwischen leicht revidiert wurde. Weiter ist die Gravitation nicht überall gleich auf der Erde - aufgrund der unterschiedlichen Höhen (Berge) und Tiefen (Täler) auf unserem Globus, aufgrund der Erdabplattung (die Erde ist ja keine perfekte Kugel, der Radius ist an den Polen um 21 km kürzer als am Äquator), aufgrund der Tatsache, dass der "Boden"/Untergrund bei einer Messung an verschiedenen Stellen von unterschiedlicher Qualität ist (an einer Stelle gibt es Erzvorkommen, an einer anderen Stelle Meere), aufgrund der Zentrifugalkraft (Erdrotation) und schließlich aufgrund der Tatsache, dass sich die Schwerkraft verringert, je weiter der Ort eines Beobachters vom Erdmittelpunkt entfernt ist. Und so erkennen wir sehr rasch, dass es in Bezug auf diese hochinteressante Energieform sehr viele Variable gibt. Wahrscheinlich stehen wir erst ganz am Anfang der Forschung. Die Schwerkraft wurde dennoch bereits in alle möglichen physikalischen und astronomischen Systeme eingebunden. Auch half sie früh, "Arbeit zu verrichten", was schließlich die ursprünglichste Definition von "Energie" ist.

Selbst wenn man nur Steine aufeinanderschichtet, wie beim Häuserbau, so bleiben diese auch deshalb an ihrem Platz, weil es so etwas wie Gravitation gibt - ansonsten würden sie in alle Richtungen davonfliegen.

Höchst bemerkenswert in unserem Zusammenhang ist der Umstand, dass die Gravitation "überall" vorhanden ist, auf der Erde, in unserem Sonnensystem und in allen Galaxien, wir haben bereits darauf aufmerksam gemacht. Unsere "Raumenergie" steht mit ihr in engem Zusammenhang. Wir werden auf diesen wichtigen Punkt an späterer Stelle noch einmal zu sprechen kommen.

DER MAGNETISMUS UND DER ELEKTROMAGNETISMUS

Ein Phänomen ist gleichfalls der Magnetismus. Ein Magnet ist im engeren Sinne zunächst ein Körper, der nur Eisen anzieht. Im weiteren Sinne ist er ein Körper, der bestimmte andere Körper magnetisch anzieht oder abstößt. Es handelt sich sehr einfach um eine physikalische Tatsache, deren Grund oder Nichtgrund ebenfalls nie herausgefunden wurde. Wie schön wäre es, wenn man eines Tages entdecken würde, dass der Magnetismus vor genau x-Billionen Jahren erfunden wurde, damit einige Götter mit einigen magnetischen Planeten ein schönes, unterhaltsames Spiel spielen konnten. Das ist aber leider nicht der Fall.

Auch zwischen magnetischen oder magnetisierbaren Gegenständen und bewegten elektrischen Ladungen (in stromdurchflossenen Leitern etwa) existiert eine Kraft, eine Energie. Diese Kraft existiert aufgrund eines Magnetfeldes, das einerseits von den Gegenständen selbst erzeugt wird und andererseits auf sie einwirkt. Magnetfelder entstehen weiter bei jeder Bewegung von elektrischen

Ladungen. Und so gelangen wir zu dem Ausdruck des *Elektromagneten*. Auch hierfür gibt es keine "Ursache" und keinen "logischen" Grund. Man spricht deshalb im Zusammenhang mit dem Elektromagnetismus einigermaßen verzweifelt einfach nur von einer der Grundkräfte der Physik.

Der Magnetismus wurde tatsächlich schon 624 vor Christus entdeckt, von dem griechischen Denker Thales, aber erst um 1200 nach Christus wurde das erste Mal der Kompass erwähnt, verschiedentlich wird von Historikern auch auf das 16. Jahrhundert gedeutet. Da es auch ein Erdmagnetfeld gibt, kann man mittels eines Magnetkompasses die Nordrichtung (und in der Folge alle anderen Himmelsrichtungen) bestimmen. Aber erst im Jahre 1821 brachte Michael Faraday (1791-1867), ein englischer Forscher und Physiker, einen stromdurchflossenen Draht zur dauernden Rotation um einen Magneten und baute den ersten Elektromotor.

Viele Forscher richteten in der Folge ihre Aufmerksamkeit auf all die Phänomene, die sich rund um den Magnetismus und Elektromagnetismus rankten.

Als elektromagnetische Wellen entdeckt wurden, zu denen auch das sichtbare Licht zählt, wurden das Radio und das Fernsehen, der Computer und der Mobilfunk möglich. Und so ist der Elektromagnetismus heute nicht mehr aus unserer Welt wegzudenken, allerdings ist die Revolution, die durch seine Entdeckung ausgelöst wurde, ebenfalls noch nicht ganz abgeschlossen.

ELEKTRIZITÄT UND ELEKTROSTATIK

Nehmen wir eine weitere Energieart unter die Lupe, die ebenfalls für das Verständnis der *Raumenergie* unerlässlich ist: die Elektrizität.

Betrachten wir zunächst das Phänomen selbst. Schon die alten Griechen wurden auf diese Energieform aufmerksam. Sie stellten fest, dass innerhalb von Bernstein (griech. *elektron* = elektrum, umgangssprachlich noch heute für baltischen *Bernstein*) eine geheimnisvolle Kraft existierte, sie konnte (aufgrund eben der Elektrizität, wie wir heute wissen) etwas anziehen, wenn man daran mit Baumwolle oder Seide etwa rieb. Aber da die Kraft, die hier entdeckt worden war, unscheinbar und vernachlässigbar winzig war, beschäftigte man sich viele Jahrhunderte lang nicht weiter mit der Elektrizität. William Gilbert (1544-1603), der Hofarzt der englischen Königin, entdeckte schließlich, dass neben Bernstein auch Glas, gewisse Edelsteine und Schwefel durch Reibung eine elektrische Qualität erhielten. Zahlreiche Experimente rund um die Elektrizität folgten im 17., 18. und 19. Jahrhundert. Der Physiklehrer Allessandra Volta (1745-1827) vermutete, dass die Ursache für das Zucken eines Froschschenkels, so man ihn mit einem Metallstab berührte, ebenfalls auf diese mysteriöse Elektrizität zurückzuführen war. Seine Forschungen führten zur Erfindung der Batterie und lösten damit erneut eine Revolution aus. Urplötzlich konnte man Strom erzeugen.

Schließlich schlug man im 19. Jahrhundert eine Brücke zwischen der Elektrizität und dem Magnetismus (Oersted, Ampère, Faraday). Den elektrischen Widerstand entdeckte Ohm, James Maxwell (1831-1899) erforschte elektromagnetische Felder genauer und Heinrich Hertz (1857-1894) ist dafür verantwortlich, dass elektromagnetische Wellen größere Aufmerksamkeit erfuhren.

Und weiter ging es Schlag auf Schlag. Das Atom selbst wurde nun genauer untersucht und das Elektron entdeckt, ein negativ geladenes Elementarteilchen, früher sprach man deshalb auch von einem *Negatron*. Wilhelm Conrad Röntgen (1845-1923) revolutionierte die Diagnostik in der Medizin, als er die nach ihm benannte Röntgenstrahlung entdeckte - eine elektromagnetische Strahlung mit hoher Energie.

Der Elektromagnetismus führte zu zahlreichen Anwendungsmöglichkeiten, auch seine Entdeckung veränderte das Gesicht der gesamten Welt.

Aber verweilen wir noch einen Moment bei der Elektrizität. Kinder und Genies, die tiefer blicken wollten, stellten früh schon die Frage nach dem Wesen und der Ursache der Elektrizität. Nun, auch die Elektrizität ist eine Urkraft, eine Energie, die nicht näher definiert werden kann. Man führte ihre Ursache auf ruhende oder bewegte elektrische Ladungen zurück - drehte sich mit dieser Definition jedoch im Kreis. Bislang studierte man nur *Erscheinungsformen* der Elektrizität, die Schulphysik konnte nicht tiefer in das Phänomen eindringen. Blitze sind elektrisch, die *elektrische Ladung* beruht auf negativ geladenen Elektronen und positiv geladenen Protonen, der *elektrische Strom* beschreibt eine Bewegung der elektrischen Ladungsträger, es gibt *elektrische Leiter*, *elektrische Felder* und so weiter - und trotzdem kam man dem Kern der Elektrizität nie wirklich auf die Schliche. Sie existierte offenbar. Aber niemand weiß bis heute, woher diese Urkraft kommt.

Die *Elektrostatik* befasst sich mit ruhenden elektrischen Ladungen, *statisch* bedeutet wörtlich *unbeweglich* oder *ruhend*. Bei der Elektrostatik nimmt man also unbewegte elektrische Ladungen aufs Korn, ein Beispiel wäre erneut der Bernstein, seine Ladung ist "statisch", er ändert sich nicht im Laufe der Zeit.

Alle diese Begriffe, mit denen wir uns hier herumschlagen, sind nebenbei bemerkt notwendig, um später unsere "Raumenergie" genauer und besser zu verstehen - dies ist der Grund, warum wir an dieser Stelle so ausführlich darauf eingehen. Verzichten wir im Moment jedoch darauf, genauer auf die Energie der Kohle, auf Öl, Gas, Windräder, Sonnenenergie, Energie, die aus Abfall gewonnen werden kann, auf die Bio-Energie und so weiter näher einzugehen. Wir werden später ansatzweise auf sie zurückkommen.

Aber im Augenblick reichen uns unsere bisherigen Erkenntnisse. Wir möchten Ihnen damit im Zusammenhang ein Kompliment machen: Sie haben verstanden, dass es so etwas gibt wie Gravitation, Magnetismus, Elektromagnetismus, Elektrizität und Elektrostatik. Die Schulphysik spricht nebenbei bemerkt von vier Grundkräften der Physik, die angeblich allen physikalischen Phänomenen zugrunde liegen. Es sind dies 1. die Gravitation, 2. der Elektromagnetismus, 3. die schwache Kernkraft oder schwache Wechselwirkung und 4. die starke Kernkraft oder starke Wechselwirkung.

Die Gravitation wurde im 17. Jahrhundert von Newton mathematisch beschrieben. Die elektromagnetische Wechselwirkung wurde durch Maxwell im 19. Jahrhundert in Gleichungen gefasst. Die schwache Kernkraft ist verantwortlich für bestimmte radioaktive Zerfallsprozesse. Die starke Kernkraft beschreibt die Wechselwirkungen des Quarks. Mit dem Ausdruck *Quarks* bezeichnet man die elementaren Bestandteile der Atomkernbausteine - ständig ist man im Rahmen der Physik auf der Jagd nach kleineren und noch kleineren Teilchen. Viele große Namen verbinden sich im 20. Jahrhundert mit der Kernkraft (unter anderen Hahn, Oppenheimer, Heisenberg). Sie bescherte uns die Atombombe und die Atomenergie.

Dennoch leugnet man selbst in den Kreisen der etablierten Physik nicht, dass es neben diesen vier Grundkräften möglicherweise noch weitere Urkräfte oder Urenergien gibt. Weiter arbeitet man geradezu fieberhaft daran, eine vereinheitlichende Theorie aufzustellen, die alle vier bislang bekannten Grundkräfte auf einen einzigen Nenner bringt oder in einem vereinheitlichenden Gesamtkonzept beschreibt. Vielleicht, vielleicht, so nimmt man an, gibt es nur eine einzige Grundkraft, auf die alle bekannten Energien zurückzuführen sind? Man sucht nach einer Weltformel oder einer *Theory of Everything* (TOE abgekürzt).

Nun, unserer Meinung nach wurden tatsächlich zwei weitere Energieformen bislang nicht entdeckt, die wir im Laufe dieses Buches vorstellen werden. Und: Wir glauben, dass man die alten vier Grundkräfte sowie die neu entdeckten beiden Energieformen tatsächlich auf eine einzige Energie zurückführen kann. Sie haben es längst erraten:

Wir sprechen von der mysteriösen *Raumenergie*.

- 5 -
Aufstieg und Fall eines Genies: Nikola Tesla

Nikola Tesla

Bevor wir auf diese neu entdeckten Energieformen näher eingehen sowie auf die Raumenergie selbst, gebietet es die Fairness, noch einmal auf das Genie Nikola Tesla aufmerksam zu machen, und zwar aus mindestens zwei Gründen: Zum einen bietet uns die Forschung Teslas selbst bereits einige Anhaltspunkte über eben diese mysteriöse Raumenergie, zum anderen aber ist das Leben dieses Erfinders selbst höchst aufschlussreich: Man kann wenigstens fünf erstaunliche Erfolgsformeln für Erfinder allein aus seiner Biografie ableiten, die es in sich haben.

Wer also war dieser mysteriöse Mann, der bis heute die Gemüter erregt und der der eifrigste Befürworter der Raumenergie der Neuzeit war?

DER TYPUS

Bis heute überschlagen sich die Biographen vor Ehrfurcht, wenn sie versuchen, diesem Erfinder und Entdecker gerecht zu werden. Und so viel ist richtig: Tesla meldete 112 Patente an, er veränderte das Gesicht der gesamten Welt mit seinem Wechselstrom, erleuchtete sie und führte unseren Planeten allein mit seinen Visionen und Experimenten in ein neues Zeitalter. Man überreichte ihm die Edison-Medaille, warf ihm zwölf Ehrendoktorwürden nach, benannte einen Elektromotor nach ihm, einen Mondkrater und einen Asteroiden und errichtete ihm in Kroatien ein Museum, aber auch in Serbien und in Österreich. Einen Flughafen taufte man auf seinen Namen, man bildete sein Konterfei auf vielen jugoslawischen und später serbischen Banknoten ab und prägte zahlreiche Gold- und Silbermünzen, die sein Gesicht zeigten. Man errichtete lebensgroße Statuen von ihm, stellte Büsten von ihm auf (unter anderem im Massachusetts Institute of Technology), verfilmte seine Leben vielfach und machte ihn unsterblich durch zahlreiche Bücher und Computerspiele. Man benannte Straßen nach ihm, nannte ihn den Meister des Lichts, den Entdecker oder Wiederentdeckter der Raumenergie oder der Freien Energie und überschlug sich in devoten Bücklingen, wenn es darum ging, seinen Einsatz für die Menschheit zu beschreiben, der er einen Dienst nach dem anderen erwies.

So viel muss man zugeben: Nikola Tesla war der Prototyp des Erfinders, er konnte alte, ausgetretene Pfade verlassen und völlig neue Wege beschreiten - und zur Not auf das gesamte Wissenschaftsestablishment pfeifen. Er war hochintelligent, ja genial, und eine völlige Ausnahmeerscheinung. Er konnte packend formulieren, war großzügig, gutaussehend, schlank, stets hervorragend gekleidet ... Er liebte den Frieden, trat für eine saubere Umwelt ein und hatte für den Mammon im Grunde seines Herzens nur Verachtung übrig. Gleichzeitig war er eitel, unbescheiden, egozentrisch, von einem versengenden Ehrgeiz beseelt und ein einsamer Wolf. Er vermied es zeit seines Lebens, anderen aus Furcht vor Bakterien die Hand zu geben, und wusch sich manchmal zwanzigmal am Tag die Hände. Er war übersensitiv, reagierte gereizt auf einige Geräusche, die er fünf Mal so laut hörte wie andere, und wurde von mentalen Bildern heimgesucht. Er war zudem ab und zu ein Spieler und liebte es, andere namenlos zu beeindrucken und eine ungeheure Show abzuziehen. Er konnte mit Geld nicht umgehen, lebte selbst dann auf großem Fuß, wenn er keinen Cent in der Tasche hatte, und verschätzte sich immer wieder in seinen Mitmenschen. Aber seine Untugenden verblassten im Angesicht seiner Tugenden. Grundsätzlich war er das genaue Gegenteil eines Durchschnittsmenschen, er war ein unverwechselbarer Typus und ein Gott der Physik. Tatsächlich trug er Kämpfe auf diesem Feld aus, wie sie nur Titanen kämpfen können.

TESLA BETRITT DAS SPIELFELD

Die biographische Legende will wissen, dass Tesla schon als Kind versucht, das Geheimnis des Fluges zu ergründen, wie Leonardo da Vinci: Er bastelt sich ein paar Flügel und springt damit vom Giebel des Elternhauses - bis ihn die Mutter daran erinnert, dass der Mensch ein Mensch ist und kein Vogel.

Was auch immer daran wahr sein mag, fest steht nur, dass Tesla von Anfang an von einer unendlichen Neugierde beseelt ist und physikalische Gesetzmäßigkeiten nicht ohne Weiteres akzeptiert beziehungsweise sie zu seinen Gunsten umbiegen will. Als er später studiert - in Österreich, ein paar Semester Maschinenbau und

Elektrotechnik -, macht er sich bereits Gedanken über neuartige maschinelle Konzeptionen und wirft eines Tages den Bettel einfach hin. Die Universität ist ihm zu stromlinienförmig, selbstständige Gedanken sind nicht gefragt. Eine Weile vergnügt er sich mit dem Karten- und Billardspiel und avanciert zu einem Experten auf beiden Gebieten.

Zudem schlägt er sich mit ein paar Nebenjobs durch, unter anderem als Telegrafenamtstechniker in Frankreich. Im Jahre 1884 schnürt Tesla sein Bündel und macht sich auf nach New York, in die USA, offenbar spielt hier die Musik - nur mit einem Gedichtband in seinem Besitz und so gut wie keinem Geld im Säckel. Er begegnet dem Erfinder Thomas Alva Edison, der sich gerade auf der Höhe seines Ruhmes befindet.

Edison gewährt ihm eine Anstellung und beauftragt ihn, ein technisch schwieriges Problem zu lösen, ja er verspricht Tesla 50.000 Dollar Prämie im Erfolgsfalle. Tesla löst das Problem im Handumdrehen, aber Edison behauptet nun, dass es sich bei seinem Prämienversprechen nur um einen typisch amerikanischen Scherz gehandelt habe.

Tesla schäumt. Er kündigt stehenden Fußes und macht sich selbstständig. Damit beginnt der Krieg zwischen den beiden bedeutendsten Erfindern der USA, der unvorstellbare Ausmaße annehmen wird.

THOMAS ALVA EDISON

Teslas Gegenspieler ist nicht irgendwer. Edison (1847-1931) ist selbst ein Erfinder vom Scheitel bis zur Sohle, aber er ist außerdem bereits hervorragend vernetzt, das große Geld steht auf seiner Seite. Edison ist ein Selfmademan, der sich in seiner Jugend allein mit elektrotechnischen Fachbüchern und mithilfe von Fachzeitschriften in die schwierigsten Gebiete eingearbeitet hat. Weiter ist er ein Unternehmer und ein Fuchs. Durch zahlreiche Kooperationen und Erfindungen in der Telegrafentechnik macht er erstmals auf sich aufmerksam. Erste Bekanntheit erreicht er durch seinen *Phonographen*, ein Gerät zur akustisch-mechanischen Aufnahme und Wiedergabe von Schall. Er macht sich weiter in der Telefontechnik einen Namen - die verständliche, telefonische Sprachübertragung über längere Distanzen ist auf ihn zurückzuführen. Aber der Coup aller Coups ist natürlich die Glühlampe, die er in zahllosen Experimenten erfindet und kontinuierlich verbessert. 1879 gilt als das Erfindungsjahr der praxistauglichen Glühlampe. Schlussendlich hält er hierfür 32 Patente. Notwendig für seine Lampe sind zudem Elektrizitätsnetze, die Edison mit Gleichstrom betreibt. Als *Gleichstrom* bezeichnet man elektrischen Strom, dessen Stärke und Richtung sich nicht ändern. Das Elektrizitätszeitalter beginnt mit Edison. Er gewinnt die Massen durch publikumswirksame, öffentliche Lichtvorführungen, in denen eine riesige Anzahl von Glühlampen ein- und ausgeschaltet werden. Auch ein gerade vom Stapel laufendes Dampfschiff versieht er mit seinen Glühlampen, er wird nun der "Zauberer vom Menlo Park" genannt - der Park ist in Kalifornien gelegen. Edison wird über Nacht weltberühmt. Er elektrifiziert im wahrsten Sinne des Wortes ganz New York und baut 1881-1886 einen hochprofitablen Elektrokonzern auf, der schon bald zahlreiche Tochter- und Kooperationsunternehmen im Ausland besitzt. 1886 arbeiten bereits 3000 Menschen für Edison, seine Firmen sind rund 10 Millionen Dollar wert. Er beleuchtet Theater, Bahnhöfe, die Residenzen wohlhabender Privatleute und, ja, ganze Städte. Alle Nutznießer der Elektrizität müssen außerdem verkabelt werden. Überall hat Edison die Nase vorn. Ein Kraftwerk nach dem anderen wird aus dem Boden gestampft. Rund um die Welt beginnt der Gott Elektrizität die Welt zu erobern, und

Edison ist sein Prophet. Motoren und Schienenfahrzeuge werden von ihm mit der neuen Energie ausgestattet. Der Zauberer trifft in diesem Zustand, auf der Höhe seines Ruhms und Reichtums, auf Tesla, das kleine Glühwürmchen aus Serbokroatien. Tesla, der Habenichts, hat ihm gerade gekündigt und tönt dreist, dass er ihn, Edison, das Fürchten lehren würde. Ha!

TESLA GREIFT AN

Tesla macht sich stehenden Fußes selbstständig und gründet mehrere Firmen. Er beschäftigt sich schon seit einer geraumen Weile mit dem *Wechselstrom*, der dem Gleichstrom Edisons seiner Meinung nach himmelhoch überlegen ist. Wechselstrom ändert seine Richtung in regelmäßiger Wiederholung. Er kann einfacher und preiswerter erzeugt werden als der Gleichstrom, verliert weniger "Power" bei der Fernübertragung und ist im Betrieb wesentlich billiger. Aber all diese Umstände sind am Anfang des "Stromkrieges", wie er später genannt werden wird, noch nicht bekannt. Im Moment hält Edison alle Karten in der Hand, in finanzieller Hinsicht, in Bezug auf Konnexionen, was die Presse angeht sowie die führenden Autoritäten auf dem Gebiet der Elektrizität. Sein "Image-IQ" übersteigt den Teslas um das Tausendfache. Edison ist ein Markenname, vielleicht, so vermuten viele, ist er sogar der größte Erfinder aller Zeiten.

Tesla interessiert das alles nicht, er weiß die Wahrheit auf seiner Seite. Unbeirrt hält er verschiedene Vorträge über seinen Wechselstrom, den er entdeckt und praxistauglich gemacht hat. Bei einem Vortrag ist der legendäre George Westinghouse zu Gast. Westinghouse (1846-1914) ist kein Leichtgewicht in der Arena der Wirtschaftsgiganten. Er ist selbst ein Erfinder und Ingenieur - und zudem ein Großindustrieller. Westinghouse hat Geld, Geld und nochmals Geld gemacht durch Naturgas, das bei Ölbohrungen freigesetzt wird, indem er unter anderem die Ausrüstungen verbesserte, die beim Bohren notwendig sind. Sofort erkennt er das Potenzial, das Tesla mit seinem Wechselstrom darstellt. Er erkennt weiter, dass die Gleichspannung Edisons dem Wechselstrom hoffnungslos unterlegen ist. In dem vielleicht wichtigsten Pokergespräch der Energiegeschichte bringt er Tesla im Jahre 1888 dazu, ihm seine Patente zu verkaufen - für eine kleine Million Dollar, zudem ist Tesla überdies mit einem weiteren Dollar an jeder Pferdestärke beteiligt, die seine Erfindungen generieren werden. Weiter stellt Westinghouse das junge Genie als Berater ein. Die Karten sind damit völlig neu gemischt. Plötzlich sieht sich Edison dem Gespann Westinghouse/Tesla gegenüber. Er kann das Problem nun nicht mehr mit einem Fingerschnippen abtun.

EDISONS SCHACHZUG

Edison rotiert. Und beißt vor Wut in eine seiner Maschinen, als er vernimmt, dass der Wechselstrom immer mehr als echte Alternative zu seinem Strom wahrgenommen wird. Ist *er* nicht tatsächlich der größte Erfinder aller Zeiten? Er verfügt über so viele Patente wie kein anderer Erfinder - Patente rund um die Glühlampe, die Energie, den Phonographen, den Telegrafen, die Batterie, später rund um die Gewinnung von Metall, Zement, das Telefon, die Eisenbahn und den Film. Keiner, keiner kommt einem Edison, kommt ihm gleich! Und wenn er, Edison, behauptet, dass der Gleichstrom vernünftiger ist als der Wechselstrom, so hat die Welt ihm gefälligst blind zu glauben!

Außerdem stehen Millionen und Milliarden von Dollar auf dem Spiel! Wer das Rennen in Bezug auf die Energie von morgen gewinnt, avanciert zum Krösus. Der große Edison ist sich deshalb nicht zu schade, den größten Energiebetrug aller Zeiten in Szene zu setzen. Dazu greift er tief in die Trickkiste. Er engagiert einige zwielichtige Gestalten, denen er flüsternd und hinter geschlossenen Türen seine Ideen eingibt. Sie sollen für ihn einige Propagandacoups lancieren. Zunächst werden Hunde, Katzen und Vieh publikumswirksam mit Wechselstrom aus dem Leben befördert, um zu beweisen, wie gefährlich angeblich der Wechselstrom ist. Dann lässt er sogar einen Elefanten öffentlich "hinrichten". Aber der Schuss geht nach hinten los. Tierschützer treten auf den Plan und protestieren. Verzweifelt weist Edison darauf hin, dass damit nur demonstriert werden sollte, wie tödlich der Wechselstrom ist, obwohl er es im Grunde seines Herzens besser weiß. (Tatsächlich ist Gleichstrom gefährlicher.) Doch auch der große Edison ist nur ein Mensch. Schließlich steht hier die gesamte Energiezukunft der Menschheit auf dem Spiel. Schnell spinnt er deshalb einen neuen Coup, tatsächlich von einer ungeheuren Intriganz.

TESLA SCHLÄGT ZURÜCK

Aber auf der anderen Seite liegt man ebenfalls nicht auf der faulen Haut. Das Wechselstromsystem wird mehr und mehr perfektioniert. Tesla weiß jetzt einen finanzstarken Partner an seiner Seite, der sich zudem diebisch freut, Edison und der Konkurrenz eins auswischen zu können. Fieberhaft wird experimentiert, weiter werden Drähte zu wichtigen Persönlichkeiten und Entscheidungsträgern gespannt. Auch hier betritt man nun nolens volens die Arena der Public Relations. Tesla weist wieder und wieder darauf hin, dass die Behauptung, der Wechselstrom sei lebensgefährlich, eine faustdicke Lüge sei.

Edison versucht dagegen hinter den Kulissen, seine Muskeln spielen zu lassen und seine Konnexionen zu nutzen. Politiker werden aufgesucht. Edison bemüht sich, in mehreren US-Staaten die Gesetzgebung zu seinen Gunsten zu beeinflussen und den Wechselstrom verbieten zu lassen. Politiker, das weiß jedes Kind, halten gern, allzu gern die Hand auf. Aber Westinghouse ist ebenfalls nicht beziehungslos. Er verhindert mehr als einen Komplott - und spannt gleichzeitig vorsichtig die ersten Drähte nach Chicago. Dort wird in ein paar Jahren eine Weltausstellung stattfinden - die 400-Jahres-Feier der Entdeckung Amerikas durch Christopher Kolumbus. Hierfür werden zahlreiche Lichter notwendig sein, ein wahres Lichtermeer. Aber wer wird die Hunderttausenden von Lampen auf dieser Ausstellung mit Elektrizität versorgen dürfen? Edison? Westinghouse? Und welche Art von Elektrizität wird man nutzen? Gleichstrom oder Wechselstrom? Sein oder Nichtsein - das ist hier die Frage!

Westinghouse besitzt gute Karten und weiht Tesla ein. Tesla schmunzelt verhalten. Und verkündet unterdessen weiter, dass der Wechselstrom dem Gleichstrom haushoch überlegen sei.

EDISONS SCHMUTZKAMPAGNE

Edison fühlt, dass etwas im Busch ist. Seine Versuche, Politikern die Hände zu salben, sind gescheitert, aller Wahrscheinlichkeit nach an dem verdammten Westinghouse. Also holt er jetzt die Kanonen aus dem Unterstand. Tesla und sein Förderer müssen unbedingt endgültig ausgeschaltet werden. Außerdem befindet sich Westinghouse im Nachteil: Er kann seinen Kunden keine komplette Lösung anbieten, zu der auch die Stromversorgung gehört - auf den meisten Kabeln, die inzwischen verlegt wurden, hat Edison die Kralle. Zudem besitzen das Gespann Westinghouse/Tesla keine Patentrechte für die Produktion von Glühlampen, das ist Edisons ureigenstes Metier.

Trotzdem ist es notwendig, zusätzlich einen riesigen Publicitystreich zu inszenieren, ein riesiges Spektakel. Die Öffentlichkeit muss schockiert werden! Da bietet Edison das Schicksal selbst eine Chance. Bislang wurden Schwerverbrecher, die zum Tode verurteilt worden waren, einfach erhängt. Nun geht auf einmal das Märchen um, dass der *Elektrische Stuhl* einen Gauner oder Ganoven schmerzfreier (und damit menschenfreundlicher) um das schöne Leben bringen kann. Edison erhält den Regierungsauftrag, eben einen solchen Elektrischen Stuhl zu entwickeln. Der Erfinder der Glühlampe jubelt. Das ist die Gelegenheit! Einer seiner Ingenieure wird beauftragt, für den Elektrischen Stuhl das Wechselstromsystem Teslas einzusetzen. Die Welt soll endlich erkennen, wie gefährlich der Wechselstrom ist. Als der Tag der Tage gekommen ist, wird ein Schwerverbrecher publikumswirksam festgeschnallt, dann wird der Saft aufgedreht. Der Delinquent windet sich entsetzlich auf dem Elektrischen Stuhl, stirbt aber nicht. Also wird der Saft weiter aufgedreht. Die Presse, gierig und sensationslüstern, beobachtet das unmenschliche Spektakel. Schließlich wird der Schwerverbrecher zu Tode gequält mit dem Wechselstrom Teslas. Edison ist schier aus dem Häuschen vor Freude: Die Journalisten schreiben sich die Finger wund über den unmenschlichen Wechselstrom.

TESLA TRIUMPHIERT

Aber auf der anderen Seite hört Tesla nicht auf, auf die Überlegenheit des Wechselstroms hinzuweisen - und die Fakten sprechen für sich selbst. Zunehmend und ebenfalls publikumswirksam nimmt er den Menschen die Angst vor dem Wechselstrom. So lässt er bei Vorträgen kleine Glühlampen in seinen Händen aufleuchten, um das Publikum zu überzeugen.

Außerdem rückt der Termin in Chicago immer näher. Es gelingt Westinghouse schließlich, den Zuschlag für diese Weltausstellung zu erhalten. Flugs entwickelt er eine neue Glühlampe - bislang der entscheidende Vorteil Edisons. Als die Ausstellung ihre Tore eröffnet, staunt die Welt. Alle Hallen sind höchst eindrucksvoll herrlich erleuchtet - mit Wechselstrom. Die Menschen verlieren immer mehr die Angst vor dem neuen Strom, der außerdem preiswerter zu haben ist und andere Vorteile bietet.

Und dann schlagen Tesla/Westinghouse noch einmal unerbittlich zu: An den Niagarafällen, zwischen den USA und Kanada gelegen, soll ein riesiges Kraftwerk errichtet werden. Die gewonnene Energie will man in Strom umwandeln und den Menschen zugutekommen lassen. Ein Jahrhundertprojekt! Ein Riesenspektakel! Erneut wird hinter den Kulissen um höchste Einsätze gepokert. Schließlich erhalten Westinghouse/Tesla den Zuschlag. Und wieder siegt der Wechselstrom über den Gleichstrom, der sich einfach kosteneffizienter über große Strecken transportieren lässt. Dieses Imageprojekt, dieses Mammutwerk, bringt endgültig die Wende. Die ganze Welt erkennt, dass der Wechselstrom dem Gleichstrom überlegen ist.

Edison unterliegt.

Und Tesla triumphiert.

VORLÄUFIGES FAZIT

Holen wir nun tief Atem und halten wir ein. Edison unterlag in diesem Stromkrieg, in dessen Verlauf er mit gezinkten Karten gespielt hatte. Aber gönnen wir uns noch einige persönliche Anmerkungen. Diese Story rund um den "Stromkrieg" sollte nicht dazu dienen, Thomas Alva Edison vollständig zu entzaubern. Dieser einzigartige Erfinder, der rund 2000 Patente während seines Lebens anmeldete, entwickelte einen Vorläufer der Filmkamera, richtete das erste Filmstudio ein und begründete damit die Filmindustrie. Er heimste Meriten bei dem Bau von Fertighäusern ein, verbesserte die Qualität des Zementes, an dem schon die alten Römer herumlaboriert hatten, er verbesserte Autos und Schienenfahrzeuge und machte sich um die Schreibmaschine und das Radio verdient. Edison erfand zu einem Großteil die moderne Welt, er war an ihren Veränderungen genauso wie Tesla maßgebend beteiligt. Neue kulturelle Zentren entstanden aufgrund des elektrischen Lichtes, und kein modern eingerichteter Privathaushalt ist heute denkbar ohne das Genie des Glühlampen-Erfinders.

Am Ende seines Lebens gab Edison zu, dass sein Eintreten für Gleichstrom der größte Fehler seines Lebens gewesen sei. Als die Patente auf beiden Seiten ausliefen, konnte kein einziges Weltunternehmen mehr monopolartig den Markt kontrollieren - zum Vorteil des Verbrauchers. Heute ist der Gleichstrom so gut wie verschwunden, in New York wurde er vollständig erst im Jahre 2007 abgeschaltet.

Die Nachwelt urteilte über Edison, dass er ein Genie zur Lösung technischer Probleme war, aber kein großer Unternehmensstratege. Er hinterließ jedoch 3.500 Notizbücher, an denen bis heute über 20 Historiker arbeiten, um sie auszuwerten - noch immer ist ein Ende der Arbeit nicht in Sicht.

Dennoch verhielt sich Edison im Falle Teslas wie ein vollständiger Schurke.

DAS GROSSE SPIEL

Das Gespann Tesla/Westinghouse hatte die Auseinandersetzung also gewonnen, aber noch längst nicht das große, das ganz große Spiel. Immerhin ging es letztendlich um Milliarden von Dollar, es ging um die Kontrolle der Energie. Was die verschiedenen Unternehmen auf beiden Seiten anging, einigte man sich schließlich auf eine wechselseitige Nutzung der Patente. Westinghouse beschäftigte ein paar Jahre später, um die Jahrhundertwende, bereits 50.000 Angestellte - in den USA, in Kanada und in Europa.

Tesla wohnte nun, ledig aller finanziellen Sorgen, in First-Class-Hotels und kultivierte das luxuriöse Leben eines extravaganten Einzelgängers, der trotzdem gleichzeitig die Publicity genoss. Er gründete verschiedene Labore und Experimentierstätten und hielt viel beachtete Vorträge, die er mit Bühnenshoweffekten unterstrich. So umgab er sich manchmal mit elektrischen Ladungen und Blitzen und ließ das Publikum staunen - nicht anders als Houdini, der weltbekannte Zauberkünstler. Die feine Gesellschaft riss sich um ihn. Stets trug er Lederhandschuhe und Krawatten, die er snobistisch nach einer Woche wegwarf, bevor er sich neue zulegte. Tesla wurde trunken von seinem eigenen Ruhm. Selbst der mächtigste Bankier seiner Zeit, J. P. Morgan (1837-1913), der Übervater des Kapitalismus, lud ihn zu sich ein.

Aber am Horizont zogen bereits dunkle Wolken auf: Der Erste Weltkrieg kündigte sich an, dem der Zweite Weltkrieg auf dem Fuß folgen sollte. Außerdem traf eine Finanzkrise die Vereinigten Staaten von Amerika mit der Macht eines Hurrikans, herbeigeführt von verantwortungslosen Bankern und Zockern. Selbst Weltunternehmen gerieten ins Wanken, Finanzströme flossen nicht mehr so wie geplant, die Ökonomie rund um den Globus hatte mit Turbulenzen zu kämpfen. Tesla und Westinghouse, nicht anders als

Edison und seine Finanziers, sahen sich auf einmal Kräften ausgesetzt, gegen die selbst sie machtlos waren.

Tesla ließ sich zudem mehr und mehr mit dem Großbankier J. P. Morgan ein. Morgan besaß Eisenbahnlinien und Stahlunternehmen, er handelte in größtem Stil mit Wertpapieren, verdiente Unsummen an der Zusammenlegung von Firmen, nannte Schifffahrttrusts sein Eigen und hatte in die Automobilindustrie investiert. Tatsächlich kontrollierte Morgan schlussendlich rund die Hälfte des Streckennetzes der Eisenbahn und zwei Drittel der gesamten Stahlproduktion in den USA. Außerdem hatte er seine Finger in der Telekommunikations- und der Elektroindustrie.

J. P. Morgan war - mit einem Wort - reicher als Gott. Er interessierte sich brennend für Innovationen und Erfinder, also auch für Tesla, aber stets nur unter dem Aspekt der Verdienstmöglichkeiten. Seine Absicht bestand darin, möglichst viel Geld aus diesem genialen Kopf herauszuschlagen.

Tesla beging den vielleicht größten Fehler seines Lebens, als er sich in die Krallen dieses Geldmagnaten begab, aber Tesla war umgekehrt besessen von seinen Ideen. Nur das ganz große Geld konnte es ihm scheinbar ermöglichen, seine Erfindungen voranzutreiben. Mit J. P. Morgan im Rücken, glaubte er, könnte er jetzt richtig loslegen. Er beschäftigte sich nun mit allen möglichen brisanten Projekten, mit der drahtlosen Energie- und Nachrichtenübertragung, mit ferngesteuerten U-Booten und hundert anderen Ideen.

Als sein Freund und Förderer Westinghouse aufgrund der Weltwirtschaftskrise in finanzielle Schwierigkeiten geriet, verzichtete er in einem Anfall von Großzügigkeit auf den Großteil seiner Lizenzeinnahmen, das Gerücht sprach von über zehn Millionen Dollar. Teslas extravaganter Lebensstil trug weiter dazu bei, dass seine Einnahmen zusammenschmolzen. Aufwendige, teure Experimente mit künstlichen Blitzentladungen setzten wiederholt einige seiner Labore in Brand, der Wiederaufbau verschlang Unsummen. Sein

Patent über die drahtlose Energieübertragung, das heute als das wichtigste Patent der Funktechnik gilt, half ihm jedoch vorübergehend aus der Patsche. Weiter sprach Tesla nun vor einem erstaunten Publikum plötzlich von der Möglichkeit der kabellosen Energieübertragung für die gesamte Menschheit. Seine Zuhörer glaubten, ihren Ohren nicht trauen zu dürfen. Tesla begann kurz gesagt, sich mit dem aufregendsten Thema der Physik zu beschäftigen - mit dem Thema der Raumenergie.

Tesla forschte und forschte nun wie besessen, als wisse er, dass ihm nicht mehr allzu viel Zeit verblieb. Schließlich meldete er einen Apparat zum Gebrauch von "Strahlungsenergie" beim Patentamt an, der seiner Meinung nach "Raumenergie" auffangen und in elektrische Energie umwandeln könne. Offenbar war es ihm gelungen, eine völlig neue Energiequelle anzuzapfen. Die wenigen Eingeweihten waren fasziniert, die wildesten Gerüchte machten die Runde. Baute Tesla einen Energieumwandler, der Strom aus der Umgebung kostenfrei, sauber und unbeschränkt zur Verfügung stellen konnte? Durch eine unscheinbare Antenne, so seine Vision, und ein kleines, bescheidenes Gerät sollte jeder später so viel Strom aus dem Äther selbst abzapfen können, wie er brauchte - geräuschlos, ohne giftige Abgase, ohne Verschleiß und ohne Abfallprodukte.

Die Gerüchteküche machte sich selbstständig und explodierte förmlich. Tesla visionierte nichts weniger als die nächste Energierevolution. Seine Vorstellung: Die Energie, die ihm vorschwebte, eben die Raumenergie, konnte seiner Meinung nach nicht mehr monopolisiert werden und nur den Geldsack eines einzigen Großbankiers füllen. Tesla stellte sich eine "demokratische" Energierevolution vor, die der gesamten Menschheit zugutekommen sollte.

Man muss sich die Konsequenzen wirklich vor Augen halten: Hätte Tesla seine Vision verwirklicht, gäbe es heute keine Kohle-, Öl-, Strom- und Gaskonzerne sowie keine Atomkraftwerke. Die Vergiftung des Planeten wäre uns erspart geblieben sowie das

Risiko, dass unsere Erde eines Tages von ein paar Psychopathen in die Luft gejagt wird. Tesla träumte den Traum, elektrische Energie direkt aus der Umgebung zu gewinnen, unabhängig von Wind, Sonne, Gas, Abfall, "Bio" oder einem anderen Energieumweg. Er visionierte billige, verschleißfreie Geräte, die genau das zustande bringen sollten. Freie Energie, Raumenergie oder kosmische Energie gab es doch offenbar im Überfluss, allenthalben, überall! Hatte denn noch niemand verstanden, dass alles, alles im Grunde genommen *Energie* war? Nichts im Raum existierte, das nicht auf die eine oder andere Energieform zurückgeführt werden konnte! Also lag es durchaus im Bereich des Möglichen, elektrische Lampen, Maschinen und Geräte zu betreiben - ohne dass diese Geräte mit einer "Stromquelle" physisch verbunden sein mussten! Mein Gott, war er denn der Einzige, der die Augen aufmachen konnte? Alles lag doch direkt vor der Nase! Tesla arbeitete wie vom Fieber gepackt weiter. Seine konkrete Idee bestand darin, Strom über die oberen Schichten der Atmosphäre zu transportieren, die seiner Meinung nach besonders reichhaltig mit eben dieser "Raumenergie" angefüllt war, wie er sie bezeichnete, die man aber über die normale Luft auf die Erde herabziehen und sich zunutze machen konnte. Tesla behauptete, im Originalton, überschlagend vor Begeisterung: "Wir werden keine Notwendigkeit haben, überhaupt Energie zu übertragen. Noch ehe viele Generationen vergehen, werden unsere Maschinen von einer Kraft betrieben werde, die an jeder Stelle im Universums verfügbar ist. (...) Im Weltraum gibt es Energie (...) und wir wissen mit Sicherheit, dass diese Energie kinetisch [= beweglich] ist (...). [Es] ist nur eine Frage der Zeit, bis es dem Menschen gelingen wird, seine Maschinerie an das eigentliche Räderwerk der Natur anzuschließen." (2)

Tesla hatte also erneut die Raumenergie entdeckt! Diesmal jedoch handelte es sich um einen Ingenieur, einen Erfinder, der sich seine Meriten bereits verdient hatte und der es sich durchaus zutraute, nicht nur darüber zu theoretisieren, sondern praktische Anwendungen vorstellen zu können. Eine Weltsekunde lang befand sich Tesla persönlich im Gespräch mit Gott, mit dem Schöpfer des Universums.

In Colorado, ein mitten im Herzen der USA gelegener Bundesstaat, bastelte Tesla nun unaufhörlich fieberhaft an seinem "Energieumwandler", der in der Lage sein sollte, allein mit einer Antenne Raumenergie einzufangen.

Der Erfinder visionierte sogar bereits ein Tesla-Auto, sprich ein Kraftfahrzeug, das sich ebenfalls mit einer einfachen Antenne Energie aus dem Raum abgreifen konnte. Glaubt man einschlägigen Berichten, entwickelte er sogar bereits den Prototyp eines solchen Autos. Raumenergie allein versorgte angeblich den Elektromotor dieses Kraftfahrzeuges, das dabei mit so viel Energie "gefüttert" wurde, dass ein kühlender Windfächer notwendig war. Es kursierte weiter das unausrottbare Gerücht, dass dieses Auto (ein Pierce Arrow) eine Geschwindigkeit von 145 Kilometern pro Stunde erreichen konnte. Von Teslas Konverter, seinem Energieumwandler, fehlt heute jedoch jede Spur ...

Dennoch kochte es weiterhin in der Gerüchteküche, die Töpfe schwappten förmlich über.

Als ein Reporter den Erfinder über die Raumenergie aushorchen wollte, über die freie, kostenlose Energie, die unbegrenzt Energie zur Verfügung stellen sollte, und im Laufe seines Interviews skeptisch-vorsichtig fragte, ob die kostenfreie Raumenergie nicht das gesamte Wirtschaftssystem durcheinanderwirbeln würde, antwortete Tesla nur kurz angebunden: "Es ist bereits durcheinander." (3)

DER FALL

Trotz oder wegen seiner Begeisterung für die Raumenergie vergaß Tesla jedoch mitunter handfeste Realitäten. Mit J. P. Morgan, dem Herr des Mammons, kam es nach einiger Zeit nun immer häufiger zu Auseinandersetzungen. Als Tesla einen riesigen Turm bauen ließ, um seinen Traum von der weltweiten, drahtlosen Energieübertragung wahrzumachen, stimmte der Großbankier nur zu, weil ihm Tesla das Projekt als "Funksender zur Nachrichtenübertragung" schmackhaft gemacht und damit an der Nase herumgeführt hatte. Als J. P. Morgan den Braten roch, stieg er eilig aus. Im Jahre 1904 zerbrach die Beziehung zu dem mächtigsten Mann seiner Zeit endgültig - der kaltblütige Banker und Rechner wollte Projekte sehen, die sich schnell in harte Dollars ummünzen ließen. Tesla aber war ein Träumer, im besten Sinne des Wortes.

Westinghouse hatte bereits 1907 aufgrund der US-Finanzkrise die Kontrolle über seine Firmen verloren und war 1913 den Weg alles Irdischen gegangen. Auch er hatte das ganz große Spiel verloren, Millionen waren ihm ebenso wie Tesla buchstäblich zwischen den Fingern zerronnen. Weiter hatte er schier vergessen, dass er sterblich war.

Damit blieb Morgan. Als sich der Großbankier plötzlich von Tesla distanzierte, verlor der Erfinder damit seinen Hauptsponsor. Der unvorhersehbare Ausstieg Morgans zehrte an Teslas Nerven und kostete ihn ein Gutteil seiner Kraft. Zwar erfand er noch eine effiziente *Turbine*, welche eine Flüssigkeit oder ein Gas durch Rotation (lat. turbare = drehen) in mechanische Antriebsenergie umwandeln konnte, aber gleichzeitig häufte er immer größere Schulden an. Verzweifelt versuchte Tesla, sich Luft zu verschaffen. Obwohl er immer gegen den Krieg Stellung bezogen hatte, entwarf er nun sogar automatische *Torpedos*, sprich Unterwasserwaffen mit eigenem Antrieb und einer Sprengladung, und diente sich damit dem Zeitgeist und den Militärs an. Er ließ sich außerdem mit dem US-amerikanischen Geheimdienst ein, der hoffte, Tesla könne für sie Wunderwaffen und Geheimwaffen entwickeln. Nur, Geheimdienste und Militärs sind selten oder nie am Wohle der Menschheit interessiert, sondern nur daran, einen Gegner möglichst schnell und effizient aus dem Weg zu räumen. Und so beschäftigte sich Tesla auch mit phantastischen Waffensystemen gegen U-Boote, obwohl dies keinesfalls seinen wahren Intentionen entsprach. Damit hängte Tesla jedoch zu einem gewissen Grad seine Integrität an den Nagel.

Als der Erste Weltkrieg vorbei war, ging es mit Tesla weiter bergab, das ganz große Spiel gewann auch er nie. 1930 konnte er kaum mehr seine Schulden bezahlen und lebte auf Pump. 1933 zahlte ihm die Westinghouse-Company einen kleinen monatlichen Betrag für seine beratenden Tätigkeiten, doch sein Ruhm begann zu verblassen. Tesla zog sich mehr und mehr in sich selbst zurück, er geriet zum Eigenbrötler und vereinsamte. 1935, ein paar Jahre vor Ausbruch des Zweiten Weltkrieges, beschäftigte er sich mit "Strahlenkanonen". 1943, inmitten des Weltkrieges, wurde Tesla tot in seinem New Yorker Hotel aufgefunden. Sofort wurden alle seine Aufzeichnungen von US-Beamten beschlagnahmt, da die Regierung fürchtete, dass Tesla geheime Waffensysteme erfunden und entwickelt hatte, die keinesfalls dem Feind in die Hände fallen durften.

TESLAS REHABILITATION

Heute wissen wir, dass wir Tesla sehr viel mehr zu verdanken haben als ein paar Entdeckungen. Tatsächlich wurde nach seinem Tod sofort fieberhaft seinen genialen Erfindungen nachgespürt. Aufgrund seiner Aufzeichnungen stürzten sich Hunderte von Forschern erneut in viele Experimente, denn auch Tesla hinterließ zahlreiche Notizen. Jedermann erkannte, dass Tesla mit seinem Wechselstrom die gesamte Welt verändert hatte, allein in dieser Beziehung hielt er zahlreiche Patente. Die Energieversorgung heute ist ohne Wechselstrom nicht denkbar. Alles, alles suchte er zu verbessern – und oft traf er instinktsicher den Nagel auf den Kopf.

Seine Patente beschäftigten sich mit dem Radio, das niemand anders als er (und Marconi) erfand, mit Lampen, mit dem Transportwesen, mit dem Auto und mit zahlreichen Waffen, die glücklicherweise nie eingesetzt wurden. Vor allem aber fahndete er wie besessen nach einer neuen Energieform, das heißt einer einfacheren, preiswerten Methode, Energie für jeden zugänglich zu machen. Er verlor Milliardendeals, denn Haifische umschwammen ihn bis zu seinem Tod; auf der anderen Seite erwies er der Menschheit einen unschätzbaren Dienst und gewann die Unsterblichkeit. Im Kampf der Giganten rieb er sich auf. Er verschenkte zehn Millionen Dollar, um einem Freund zu helfen, und konnte zuletzt sein Mittagessen nicht mehr bezahlen. Er entdeckte erneut die Raumenergie, die Elektrizität drahtlos und kostenlos zur Verfügung stellen sollte. Damit wies er den Weg in Richtung einer schier unerschöpflichen Energiequelle. Er deutete weiter auf gigantische Energiefelder hin, die sich rund um die Erde und auf der Erde selbst befanden, eine Energiequelle, die man überall anzapfen konnte. Vehement vertrat er den Standpunkt, dass Energie jedermann gehöre und nicht monopolisiert werden dürfe, wie das sicher J. P. Morgan im Schilde führte. Die Gier nach Mammutgeschäften, von der J. P. Morgan angetrieben wurde, war ihm fremd, wenn er auch nicht frei war von der Sucht nach Anerkennung und Ruhm.

Und so kommen wir endlich zu den fünf Lehren, die man in Stein meißeln sollte ...

DIE LEHREN

1. Wenn man umwälzende Erfindungen tätigen will, so muss man fähig sein, selbst scheinbar “unantastbare” Autoritäten vollständig zu ignorieren. Weiter muss man dazu imstande

sein, alle bislang bekannten physikalischen und chemischen "Gesetze" und "Naturgesetze" über Bord zu werfen. Alle großen Erfinder besitzen die Fähigkeit, völlig außerhalb der momentan gängigen wissenschaftlichen Lehrmeinung zu denken und zu operieren.

2. Umwälzende Erfindungen lassen immer und ausnahmslos eine mächtige Opposition auf den Plan treten, denn man verstößt gegen konservative, traditionelle und lieb gewordene Meinungen und Ansichten des Zeitgeistes, ganz zu schweigen davon, dass finanzielle Interessen anderer tangiert und torpediert werden. Man steht nicht nur Dummheit und Ignoranz gegenüber, sondern auch Wirtschaftskartellen, Oligopolen und Monopolen. Tesla im Originalton: "Alles Große der Vergangenheit wurde verlacht, verdammt, bekämpft und unterdrückt." (4)

3. Der größte Fehler, den ein Erfinder begehen kann, besteht darin, sich mit zweifelhaften Figuren zu verbünden, um finanzielle Engpässe zu überbrücken.
   International operierende Bankiers leben nach dem Motto: "Das Einzige, was wichtiger ist als Geld, ist sehr viel Geld."
   Das Militär lebt nach dem Motto: "Nur ein toter Indianer (= Gegner) ist ein guter Indianer."
   Wenn ein Erfinder dubiose und unethische Intentionen/Figuren in sein Leben lässt, so bereitet er seinen eigenen Untergang vor.

4. Die gefährlichsten Fallgruben für einen Erfinder sind Verschwendungssucht, Größenwahn und Hunger nach öffentlichem Applaus. Die eigene Integrität ist weitaus wichtiger als jeder Beifall, der gespendet wird.

5. Ein Menschenleben ist kurz. Deshalb ist es von Bedeutung, für die Zukunft Sorge zu tragen. Wichtige, überlebensfreundliche Ideen können selbst die Zeit besiegen, aber man muss dafür Sorge tragen, dass Projekte im Rahmen von Organisationen systematisch weitergeführt werden. Man muss an die nächsten tausend und zehntausend Jahre denken und darf sich nicht in dem engen, intellektuellen Rahmen eines einzigen Menschenlebens bewegen.

Das sind, lapidar gesprochen, die Lehren, die man aus diesem hochinteressanten, bewegten Leben, aus der Biographie Teslas ziehen kann. Immerhin gelang es diesem Mann, fraglos eines der größten Genies der Menschheitsgeschichte, die Idee der "Raumenergie" oder der "freien, unbegrenzten Energie" wieder aufleben zu lassen.

Doch wie schrieb sich die Story fort?

- 6 -
Das Geheimnis der Raumenergie - oder: Die Entwicklung einer Wissenschaft

Inzwischen sind wir sozusagen in der Gegenwart angelangt. Rufen wir zunächst noch einmal die prominentesten Zeugen in den Zeugenstand: Huygens, Newton, Faraday, Kelvin, Maxwell, Hertz, Einstein, Tesla und Feinberg, ... Sie alle hatten ausnahmslos die Existenz eines *Äthers* angenommen, womit es nur ein Katzensprung zur "Raumenergie" war.

Das Gerücht will wissen, dass Michael Faraday schon im 19. Jahrhundert eine Maschine entwickelte, die ab einer bestimmten Drehzahl mehr elektrische Energie liefern konnte, als man ihr zuführte. Die Fakten sind heute jedoch kaum mehr seriös recherchierbar.

Einige der größten Denker der Physikgeschichte hatten jedenfalls die Existenz der Raumenergie direkt oder indirekt bestätigt, beobachtet oder postuliert. Dabei ging es im 20. und 21. Jahrhundert erst richtig los. Zahlreiche Physiker konnten sich vor allem von Teslas Aufzeichnungen nicht losreißen. Der Mann hatte mit seinem Wechselstrom die Welt der Physik revolutioniert und sich gegen den größten Erfinder seiner Zeit, gegen Edison, durchgesetzt. Warum sollte er nicht ein zweites Mal recht behalten? Immer wieder erhoben sich jedenfalls Physiker, die gegen vorherrschende Ansichten und fundierte physikalische Weltbilder rebellierten und sich den Luxus einer eigenen Meinung erlaubten.

Der Astronaut Dr. Edgar C. Mitchell konstatierte etwa in den 80er-Jahren des letzten Jahrhunderts: "Es gibt Energiearten, die außerhalb des elektromagnetischen Spektrums liegen. Bedauerlicherweise sind diese Forschungen noch nicht anerkannt und noch nicht publiziert und werden zumeist von Einzelgängern unternommen, die größtenteils ohne Unterstützung arbeiten. [Ihre] Arbeiten liegen *vor* den Grenzen der derzeitigen Wissenschaft und sind der etablierten Wissenschaft um Jahre voraus." (1) Mitchell, geboren 1930, war kein Nobody. Er war immerhin ein Pilot des Apollo 14-Fluges und verbrachte neun Stunden auf der Oberfläche des Mondes. Als sechste Person der Welt ging er also auf unserem Erdtrabanten spazieren.

Zahlreiche Astrophysiker, mit Riesenteleskopen bewaffnet, sprachen zudem auf einmal in unbestimmten Andeutungen immer wieder von einer geheimnisvollen "Dunklen Energie" oder "Dunklen Masse", die sie entdeckt hatten. Das Universum barg also nach wie vor beträchtliche Geheimnisse. Fest stand so viel: Die Mysterien selbst unseres lächerlich kleinen Sonnensystems - im Verhältnis zu einer Galaxie oder gar dem Weltraum gesehen - waren längst nicht entschlüsselt. Ein Physiker sprach offen davon, dass 96 Prozent aller physikalischen Phänomene noch nicht entdeckt seien. Wir nehmen nebenbei bemerkt an, dass man von 99 Prozent sprechen müsste, denn wir kennen noch nicht einmal wirklich unseren eigenen Planeten, sondern tatsächlich nur ein paar Kilometer unter der Kruste, unter der Erdoberfläche - und das nicht einmal an allen Punkten. Selbst unser eigener, wahrscheinlich unwichtiger Planet, die Erde, am Rande einer Galaxis gelegen, ist allenfalls ansatzweise erforscht! Über den Erdkern und das Erdinnere gibt es nichts als ein paar hübsche Theorien, handfest bewiesen wurden sie bislang noch nicht. Es kann also nur ein Fehler sein, arrogant oder übermütig anzunehmen, dass wir alles über die Energie und das Universum wüssten. Zu glauben, wir befänden uns inzwischen im Besitz des ganzen physikalischen Wissens, ist etwa so töricht, wie zu glauben, dass die Erde im Mittelpunkt unseres Sonnensystems steht - was man immerhin selbst noch vor 500 Jahren selbstgefällig behauptete ...

Aber zurück zu unserem Thema: Das Thema *Raumenergie* war auf einmal nicht mehr vom Tisch zu wischen, auch wenn sich einige eingefleischte, anmaßende "Autoritäten" mit Händen und Füßen dagegen sträubten. Andere Forscher dagegen, die *outside the box* denken konnten, wie das die Amerikaner so schön ausdrücken, außerhalb gängiger Lehrmeinungen, ließ die Vorstellung nicht los.

1982 verkündete Hannes Alfvén (1908-1995), ein schwedischer Physiker, dem immerhin 1970 der Physik-Nobelpreis verliehen worden war: "Dramatische Ereignisse haben sich in der Physik als Resultat der Raumforschung ergeben. Sie hat bewiesen, dass der interstellare Raum nicht leer ist, wie vorher behauptet wurde." (2)

Darüber hinaus gab es noch weitere ernst zu nehmende Stimmen.

FERNÖSTLICHE FORSCHER

Ein vehementer Verfechter der Existenz der Raumenergie ist auch Professor Sheiki aus Japan, ein weithin anerkannter Physiker. In Japan scheint man dem Thema generell offener gegenüberzustehen als bei uns. Während in Europa Milliarden Euros in Teilchenbeschleuniger und in Atomversuche investiert werden, arbeiten die Japaner dagegen längst an einer komplett neuen, sauberen Energietechnologie - jedenfalls wenn man verschiedenen Quellen Glauben schenkt. Im Oktober 1995 konnte man in einer deutschen Wirtschaftszeitung lesen: "Das japanische Ministerium für Internationalen Handel und Industrie (MITI) will in den nächsten acht Jahren 300 Milliarden Yen (ca. 2,1 Milliarden Euro) in die neue Energietechnologie (= in die NET-Forschung) investieren." (3) Zur NET-Forschung gehört auch die Raumenergie!

WEITERE EXPERTEN

Verweilen wir noch einen Moment in Asien. Der russische Professor Wladimir Akimowitsch Azjukowski, eine der unbestrittenen Koryphäen auf dem Gebiet der Physik und Energie, ist ebenfalls ein glühender Verfechter der Existenz der Raumenergie. Als wir ihn persönlich in Moskau im Jahre 2008 interviewten, teilte er uns vor laufender Kamera mit, dass er annehme, dass das Energiepotenzial der Raumenergie 10 hoch 37 Joule betrage - pro Kubikmeter! *Joule* ist eine Energieeinheit, die man für alle Formen der Wärmeenergie sowie der mechanischen und elektrischen Energie verwendet. Damit könnte man 10 Billionen Jahre lang der Menschheit Energie zur Verfügung stellen. (4) Azjukowski publizierte unter anderem ein Buch mit dem Titel "Kritische Analyse der Relativitätstheorie", und er veröffentlichte ein Werk über "Ätherdynamische Grundlagen des Elektromagnetismus", konkret im Jahre 2007; er gehört zu den berühmtesten Physiktheoretikern Russlands und zählt wie gesagt ebenfalls zu den Vorreitern der Raumenergie.

Weiter ist Professor Karl Ernst Lotz in den Zeugenstand zu rufen, ein Pionier der Geo- und Baubiologie, der an der Fachhochschule für Bauwesen und Wirtschaft in Biberach unterrichtet. Öffentlich vertrat und vertritt er die Meinung, dass man mithilfe der Raumenergie einen Ausweg aus der gegenwärtigen Energiekrise finden könne.

Auch Professor Dr. Claus W. Turtur war (und ist) der Ansicht, dass die Raumenergie - er spricht von Nullpunktenergie - zu technischen Zwecken genutzt werden könnte, und behauptete, dass er eben diesen Umstand an der Universität Magdeburg bewiesen habe. (5)

Professor Dr. Dr. Dr. h. c. Josef Gruber, ebenfalls ein Pionier der Raumenergie, der an der Universität Hagen lehrte, ist der Ansicht, dass die Einführung der Raumenergie insgesamt zu einem dauerhaften Wirtschaftsaufschwung und sogar zu Umweltwundern führen könnte. (6)

Peter Schlosser, geboren 1939, der Elektrotechnik, Mathematik und Physik an der TH und Universität Wien studierte, der vormalige EDV-Organisator der Stadt Wien, ist ebenfalls ein vehementer Verfechter der Raumenergie.

Und so könnte man sich weiter und weiter durch das Dickicht der Persönlichkeiten schlagen, aber feststeht, dass hoch angesehene Theoretiker wie auch Erfinder und Ingenieure nach wie vor der Raumenergie einen immensen Stellenwert einräumen und ihre Existenz längst bestätigt finden. Betrachten wir deshalb noch einmal die Praxis.

DR. THOMAS MORAY

Was die Praxis anging, so orientierte sich jeder Forscher und Ingenieur bis heute zunächst an Nikola Tesla.

Von sich reden machte in den 30er-Jahren des 20. Jahrhundert aber auch ein Elektroingenieur aus den USA, der viele Jahrzehnte lang an einem Apparat herumexperimentierte, um Energie aus "leerem Raum" zu gewinnen. Es handelte sich um den Erfinder Dr. Thomas Henry Moray (1892-1974), der in Salt Lake City/Utah schließlich tatsächlich einen solchen "Konverter", einen Umwandler also, entwickelte, den er auch als "Detektor" oder als "Pumpe für kosmische Energie" bezeichnete. Angeblich war das Gerät funktionstüchtig und wurde hunderte Male erfolgreich vorgeführt. 1937 soll es 40 Lampen gespeist haben. Weiter soll der Apparat Heizgeräte und Bügeleisen angetrieben haben. Von besonderer Bedeutung sei die "Resonanzabstimmung" gewesen, die die Aufnahme der "Raumenergie" überhaupt ermöglicht habe.

Aber das US-Patentamt verweigerte Thomas Moray die Patentierung seines Apparates. Ja, es entsandte zu ihm, laut einschlägigen Berichten zumindest, sogar einen Ingenieur namens Felix Frazer, der schließlich zum Hammer griff und eben dieses Gerät angeblich kurz und klein schlug. (7) Dabei hätten zuvor zu Lande, in Flugzeugen und unterirdisch erfolgreiche Tests stattgefunden, um die Unabhängigkeit von geographischen Bedingungen nachzuweisen und um die Möglichkeit, heimlich Strom von einer Stromquelle abzuzapfen, auszuschließen. Ein Lt. Col. Thomas Bearden, ein Nuklearingenieur und einer der vielen Zeugen der zahlreichen Tests, schrieb 1973 über das Moray-Experiment: "Es war kein Hokuspokus, keine Legende und kein Trick, sondern eine stichhaltige, weithin anerkannte Demonstration, bei der schlicht und einfach Elektrizität aus der leeren Luft gewonnen wurde." (8)

DR. INOMATA

Verweisen wir erneut auch auf Dr. Shiuji Inomata, den wir bereits in unserem Kapitel über die Definition der Raumenergie erwähnt haben. Inomata stellte 1991 ebenfalls eine spezielle Maschine vor, die sich der Raumenergie bediente - und wunderte sich nur über die Skepsis der Europäer. Den Unterschied zwischen Japan und dem Westen definierte er so: "Wir [Japaner] versteifen uns nicht so sehr auf Dogmen in der Physik und sind aus kultureller Überzeugung viel offener gegenüber neuen Technologien. Wir gehen mit viel weniger Voreingenommenheit an diese Dinge heran als die westlichen Nationen. Unsere traditionelle Religion erlaubt es uns, viel freier und tiefer als die westliche Zivilisation in diese Materie der freien Energie einzutauchen!"

TESTATIKA

Aber des Guten noch nicht genug: 1995 berichtete ein Magazin über Paul Baumann und seinen "Energieumwandler" namens *Testatika* - die Bezeichnung für ein Gerät, das ebenfalls die Umwandlung von Raumenergie in elektrische Energie leisten konnte. Das Gerät existierte und existiert in der Schweiz, von vielen Experten wurde bestätigt, dass es funktioniert. Wir recherchierten persönlich diesen Fall, fuhren in die Schweiz und fanden heraus, dass die Erben des Erfinders alle Informationen mittlerweile unter strengem Verschluss halten.

So weit zu dem (sehr viel kleineren) Reigen der Praktiker, der Anwender - die konkrete seriöse Recherche ist nach wie vor schwierig. Die Raumenergie ist ein Thema, das mit Geheimnissen umwoben ist. Man fürchtet teilweise die Energiegiganten, denen eine neue, kostenfreie Energieform so gelegen kommt wie einem Einbrecher ein Polizist. Weiter fürchtet man sich vor patentrechtlichen Diebstählen.

FACHARTIKEL UND BÜCHER

Festhalten muss man weiter, dass inzwischen Fachartikel in reicher Zahl existieren, ferner ein Buch, das randvoll gespickt ist mit Patentschriften der verschiedensten "Wandlertechnologien". Der Haken dabei ist jedoch jedes Mal: Oft sind wesentliche technologische Details ausgelassen oder sogar einige Einzelheiten absichtlich verfälscht dargestellt. Dieser Methode bediente sich nebenbei bemerkt schon Leonardo da Vinci, als er sich Notizen für seine zahlreichen Geräte und Erfindungen machte. Der Grund für die Verfälschung seiner eigenen Aufzeichnungen: Er wollte Diebe davon abhalten, seine Ideen zu stehlen. Eine ähnliche Vorgehensweise wurde auch Nikola Tesla unterstellt.

VORLÄUFIGES FAZIT

Der springende Punkt ist stets die *Umsetzung*: Behaupten kann man viel, schreiben lässt sich eine Menge, Papier ist geduldig. Ingenieure sahen sich immer und ausnahmslos dem Problem ausgesetzt, innerhalb ihrer "Umwandlermaschinen" einen "Resonanzzustand" zu erzeugen, der sicherstellte, dass die Raumenergie überhaupt eingefangen oder angelockt werden konnte, so dass sie in ein mechanisches System einfließen konnte.

Es ist dies das Problem aller "Energieumwandler" bis heute. In vielen Kreisen stellt sich längst nicht mehr die Frage, ob Raumenergie existiert. Das wahre Problem besteht darin, einen Prototyp zu entwickeln, der nachweislich genutzt werden kann und der funktioniert - und daraufhin Geräte zu entwickeln, bei denen der Kosten-/Nutzenfaktor für den Verbraucher stimmt und die man außerdem zu humanen Preisen produzieren kann.

Kommen wir nun jedoch auf den springenden Punkt zu sprechen: Die Besonderheit des vorliegenden Buches besteht darin, dass die Lösung für das Praxisproblem auf den folgenden Seiten ohne Wenn und Aber vorgestellt werden wird! Buchstäblich Tausende von Menschen können mittlerweile bezeugen, dass die Raumenergie in der Praxis angezapft werden kann.

THEORETIKER UND PRAKTIKER

Aber lassen Sie uns zuvor noch Folgendes der Fairness halber konstatieren: Unsere Aufzählung all der Forscher und Ingenieure, die sich um die Raumenergie verdient machten, ist nicht vollständig und kann nie vollständig sein, weil sich ständig neue Tüftler, Bastler und Tesla-Fans an diesem Thema versuchen, aber auch weil viele theoretische Physiker, die sich ernsthaft mit diesem Phänomen beschäftigen, sich plötzlich vom Saulus zum Paulus wandeln und die Raumenergie neu entdecken oder wiederentdecken. Wir werden an späterer Stelle einige weitere bekannte Namen nennen, aber noch einmal: Des Pudels Kern ist immer die Umsetzung. Die Praxis. Das Experiment. Das jeder jederzeit nachvollziehen und beliebig wiederholen kann.

Doch wie gerade angedeutet: Es gibt mittlerweile ein Gerät, mit dem sich nachweislich Gebäude trockenlegen lassen, mithilfe der Raumenergie. Die Fälle sind sorgfältig dokumentiert, das Gerät selbst wurde bislang rund 100.000-mal verkauft, in 20 Ländern der Erde (Stand: 2013). Das Gerät bestand also wieder und wieder seinen Test! Wir reden mithin inzwischen von handfesten *Ergebnissen,* die nicht hinwegdiskutiert werden können.

Raumenergie existiert und wird bereits genutzt!

- 7 -

Ein neues physikalisches Weltbild

Praxis muss immer in Theorie eingebettet sein, ansonsten begrenzt sie sich selbst. Wenn man eine so fundmental neue Angelegenheit untersucht wie die (anwendbare) Raumenergie, benötigt man also eine Art theoretischen Überbau. Man muss darlegen können, *warum* etwas funktioniert, *wann* es und *wie* es funktioniert.

Auf den folgenden Seiten wollen wir eben diesen "Überbau" vorstellen, wobei wir festhalten müssen, dass unsere Theorie durch die *Praxis* befruchtet wurde. Das heißt, nachdem wir in jahre- und jahrzehntelangen Versuchen ein Gerät entwickelt hatten, das sich der Raumenergie bediente, das also vorhersagbare und wiederholbare Resultate zeigte, stellte sich die Frage, *auf welche Weise* es funktionierte. Was waren die Eigenschaften und Eigenheiten der Raumenergie? Was war überhaupt die Raumenergie? Wie hatte man sie sich vorzustellen? Welche Thesen musste man aufstellen, um eben diese Raumenergie zumindest ansatzweise und einigermaßen angemessen zu beschreiben?

Parallel zur Praxis stellten wir gleichzeitig theoretische Grundlagenforschungen an. Wir entwickelten dabei kein neues physikalisches Weltbild vom grünen Schreibtisch aus, sprich, uns war nicht daran gelegen, zu theoretisieren und ein paar beeindruckende mathematische Formeln auf eine grüne Schiefertafel zu kritzeln. Wir befragten im Gegenteil immer wieder die Praxis und nichts als die Praxis und untersuchten zum Beispiel Wellen. Natürlich verfügten wir längst auch über konkrete (theoretische) Ideen und einige Vorstellungen, aber Theorie und Praxis mussten auf einen gemeinsamen Nenner gebracht werden, die Praxis selbst korrigierte unsere Annahmen immer wieder.

Man sollte sich immer vor Augen halten, dass es keine gnadenlosere Richterin gibt als die Praxis. Man kann die beeindruckendsten Theorien aufstellen - und es gibt genügend rund um die Raumenergie -, aber wenn etwas in der Praxis nicht funktioniert, muss man das Buch zuklappen und bescheiden und demütig nach Hause pilgern. Geht man genau so vor in Bezug auf die Raumenergie, so ergeben sich freilich auf einmal völlig neue Perspektiven, die unser gesamtes Weltbild hinsichtlich des Themas *Energie* revolutionieren könnten.

EINE NEUE ENERGIETHEORIE

Wer auch immer das Universum schuf oder wie auch immer das Universum entstanden sein mag: Die Theorien sind so zahlreich wie Sandkörner am Strand. Unseres Erachtens nach ist es relativ unwahrscheinlich, dass von Anfang an verschiedene Energien, völlig unterschiedliche Energien, existierten. Wir glauben also, dass seit dem Zeitpunkt, da das physikalische Universum besteht, eine einzige, alles durchdringende, gigantische und unerschöpfliche Energie den gesamten Kosmos ausfüllte (und immer noch ausfüllt) - eben die "Raumenergie".

So weit unsere Annahme!

Unserer Meinung nach zeichnet eben diese Raumenergie ursprünglich für *alle* physikalisch-energetischen Phänomene verantwortlich.

Die Raumenergie oder die Urenergie besitzt gewisse Eigenschaften, die unseren Tests gemäß nach so aussehen:

- Sie ist in jedem Raum vorhanden.
- Sie besitzt nahezu keine Masse.
- Sie ist schneller als das Licht.
- Sie wirkt in alle Richtungen.
- Sie ist hochfrequenter Natur.

Frequenz? Im Lateinischen bedeutet *frequentia* einfach *Häufigkeit*. Es handelt sich bei der *Frequenz* um einen Wert, der die Anzahl sich periodisch wiederholender Vorgänge angibt - und dies im Verhältnis zur Zeit. Einfacher ausgedrückt: Wir sprechen von der Anzahl der Schwingungen (einer Welle) pro Zeiteinheit.

Hochfrequenz (engl. *radio frequency*) bezeichnet in der Elektrotechnik die Frequenzen über den hörbaren Schallwellen. In der Akustik wird dieser Frequenzbereich als Ultraschall bezeichnet. In der Medizin gibt es wiederum andere Frequenzbänder.

Hochfrequenz bedeutet in unserem Zusammenhang also sehr einfach: Die Raumenergie, wellenförmig dargestellt, schwingt sehr häufig pro Sekunde, und man kann sie nicht hören.

Damit verfügen wir zumindest über eine Arbeitshypothese, wer oder was diese mysteriöse Raumenergie eigentlich ist.

Wir haben die *Raumenergie* somit definiert anhand der Faktoren Masse, Raum, Richtung, Wellencharakter und Geschwindigkeit der Teilchen. Alle diese Faktoren bedürfen einer sehr viel genaueren Bestimmung, die jedoch zum gegenwärtigen Zeitpunkt noch nicht zu leisten ist.

Bislang kann man die *Raumenergie* allenfalls indirekt messen, nämlich dann, wenn sie auf Massen auftrifft und wenn sie sich in andere Energieformen umwandelt. Dann besitzt sie die Fähigkeit eines Chamäleons und tritt in einem anderen "Gewand" auf. Sie kann eine andere Energie verstärken, sie kann eine Masse beeinflussen. Sie ist also offenbar enorm wandlungsfähig und manifestiert sich in verschiedenen Erscheinungen. Wahrscheinlich besitzt sie zu einigen Energieformen eine höhere Affinität als zu anderen. Und wahrscheinlich geht sie mit bestimmten Energien und Massen anders um als mit anderen. Sobald sie sich in ihren verschiedenen Erscheinungsformen manifestiert, ist sie nicht mehr frei und richtungslos, sondern gebunden, wie man das ausdrücken könnte. Genau an dieser Stelle kommt also der "Umwandler" ins Spiel - eine Maschine, die Raumenergie einfängt.

DIE BÄNDIGUNG DER RAUMENERGIE

Konzipieren wir einmal zunächst noch im Kopf einen Apparat, der Elektrizität zur Verfügung stellen soll, einen Raumenergieumwandler. Ein Raumenergieumwandler müsste mehr elektrische Energie abgeben können, als er zum Antrieb benötigt, ansonsten wäre der Spaß Hokuspokus. Das heißt: Ein Raumenergieumwandler muss freie Tachyonen oder die freie Raumenergie binden können. Tachyonen könnten dabei, so eine erste Annahme, als Trägerwellen für andere Wellen dienen. Sie würden von dem umgebenden Raum langsam einfließen in unseren Apparat, um in elektrische Energie umgewandelt zu werden. Notwendig sind dazu nach unseren Beobachtungen und unseren Tests jedoch immer erstens Materie sowie zweitens andere Energieformen - in unserem Fall also ein Apparat (= Materie) plus verschiedene Energieformen, wie etwa elektromagnetische Wellen, die sich in ihm tummeln. Wesentlich bei diesem Apparat wäre ein bestimmter

Resonanzzustand, damit Raumenergie in das mechanische System überhaupt "einfließen" kann. Das wäre der eigentliche Schlüssel zu dem großen Tor der freien, kosmischen Raumenergie. Ein Raumenergiekonverter oder ein Umwandler müsste imstande sein, freie Tachyonen in eine gewünschte andere Energieform umzuwandeln, wie Wärmeenergie, Drehenergie oder in unserem Fall in elektrische Energie.

Aber wie, verflixt, kann man die Raumenergie einfangen, so dass sie uns gewissermaßen auf den Leim geht und uns gehorcht?

EINE NÜTZLICHE UNTERSCHEIDUNG

Wir haben in einem früheren Kapitel bereits auf die bekannten und offiziell anerkannten vier Grundkräfte der Physik aufmerksam gemacht - Ihre Anstrengung, das alles zu verdauen, war also nicht vergebens. Nun müssen wir eine weitere Differenzierung vornehmen: Wir sollten der Einfachheit halber unterscheiden zwischen *statischen* Energieformen und *dynamischen* Energieformen.

Statische Energieformen sind Energien mit ruhender Natur. Die Energie, die Kraft wirkt auf die Materie nur in einer Richtung. Statisch sind der Magnetismus, die Elektrostatik und die Schwerkraft/Gravitation. Hierbei handelt es sich also um Energien, die relativ leicht erfasst und beobachtet werden können, denn sie verraten sich durch ihre gleichbleibende Richtung. Sie verändern sich nicht oder nur wenig (und nur aufgrund anderer Einflüsse), sie sind gewissermaßen handfest und messbar. Magnetismus, Elektrostatik, Gravitation! Kein Wissenschaftler weiß zwar, woher diese Energien kommen und was sie "im Grunde" sind, aber ihre Existenz stellt niemand infrage, diese Energien lassen sich messen. Damit verfügen wir immerhin über einen ersten stabilen Punkt im All, wie das die alten Griechen ausgedrückt hätten.

Aber davon abgesehen gibt es wie gesagt auch *dynamische* Energieformen. Wir kennen bereits den Elektromagnetismus, den wir nicht umsonst einige Seiten vorher etwas ausführlicher behandelt haben. Alle elektromagnetischen Wellen verbindet eine Gemeinsamkeit: Sie bestehen jeweils aus einer elektrischen und einer magnetischen Wellenkomponente. Diese beiden Wellenkomponenten treten gewissermaßen wie siamesische Zwillinge immer zusammen auf, nie allein. Zudem gibt es nicht nur eine einzige Richtung, wenn wir es mit dem Elektromagnetismus zu haben. Eine *dynamische* Energie!

DER GRAVOMAGNETISMUS

Unseres Erachtens gibt es noch zwei weitere dynamische Energieformen, die tatsächlich bislang im Rahmen der Schulphysik noch nie auch nur ansatzweise ausgeleuchtet wurden.

Unser Apparat, den wir konstruierten, legt jedenfalls die Existenz dieser dynamischen Energieformen nahe, denn ansonsten könnte man verschiedene Phänomene nicht erklären.

Wir gehen davon aus, dass es auch so etwas wie *Gravomagnetismus* gibt. Es handelt sich hierbei um eine Wortprägung, die natürlich die beiden Ausdrücke *Gravitation* und *Magnetismus* zusammenfasst. So wie es *Elektromagnetismus* gibt, so existiert unserer Beobachtung nach auch so etwas wie *Gravomagnetismus*.

Der Gravomagnetismus ist bislang noch nicht offiziell akzeptiert und bekannt. Der Grund liegt möglicherweise darin, dass diese Energieform eine Wellenstruktur besitzt, die der Wellenstruktur elektromagnetischer Wellen ähnelt. Weiter lässt sich der von uns postulierte Gravomagnetismus nicht direkt, sondern nur indirekt messen, aber wir gehen davon aus, dass er in nicht allzu ferner Zukunft elektronisch sichtbar gemacht und mit Zahlen beschrieben werden kann. Während unserer Grundlagenforschung stießen wir jedenfalls immer und immer wieder auf Phänomene, die ohne den Gravomagnetismus unerklärbar bleiben.

Im Rahmen der Wellenstrukturforschungen, die wir im Zusammenhang mit unserem Raumenergieumwandler durchführten, zeigte sich jedenfalls ein völlig neuartiges Wellenmodell. Es kann heute in unserem Forschungszentrum Reichenau/Österreich eingesehen werden, wo es sogar in modellierter Form jedermann zugänglich ist. Aber wie etabliert sich eine gravomagnetische Welle, woraus besteht sie?

Nun, eine *gravomagnetische* Welle besteht aus einer magnetischen Wellenkomponente, wie sie auch bei elektromagnetischen Wellen zu finden ist. Aber um diese magnetische Welle zirkuliert eine zweite Wellenkomponente - die gravitatorische Welle, aber in einer ganz anderen Art, Lage und Weise, als dies bei dem elektrischen Teil der elektromagnetischen Welle der Fall ist.

Darüber hinaus gibt es noch einen dritten Faktor, eine dritte Komponente. Damit diese beiden Wellen existieren können, sprich die magnetische und die gravitatorische Welle, brauchen sie unseren Forschungen nach eine Trägerwelle. Sie haben es vielleicht bereits schon erraten: Wir sprechen von der Raumenergie.

Eine *tachyonische Trägerwelle*, eben *Raumenergie* - wir werden diese beiden Ausdrücke in der Folge synonym verwenden - ist also notwendig, damit sich der Gravomagnetismus zeigen und "zuschlagen" kann.

Wir sprechen also von drei Kräften und drei Wellenarten!

Die magnetische Welle verfügt innerhalb eines genau bestimmbaren Zeitraumes über eine Schwingung besonderer Art, die gravitatorische Welle führt sehr viel mehr Schwingungen in der gleichen Zeit aus und bewegt sich also viel schneller als die magnetische

Schwingung, und die dritte Welle, die tachyonische, ist sogar noch schneller, wir nehmen an, sie breitet sich schneller aus als die Lichtgeschwindigkeit.

Drei Wellen! Soweit der erste Streich!

GEHEIMNIS ENTHÜLLT

Wahrscheinlich läuft der Spaß so ab: Zunächst existiert sehr einfach diese magnetische Welle. Neben ihr gibt es die gravitatorische Welle. Bei jeder Schwingung, die die gravitatorische Welle durchführt, "streift" sie jedoch gewissermaßen die superschnelle, die energiereiche, die tachyonische Wellenachse. Aller Wahrscheinlichkeit nach ist die gravitatorische Welle eine Welle, die der tachyonischen Energie nahekommt, es besteht hier eine gewisse Verwandtschaft, denn sie reagieren aufeinander und miteinander. Wir nehmen also an, dass die gravitatorische Welle die tachyonische Welle bei jeder Schwingung, die sie durchführt, sozusagen berührt. Auf diese Weise nimmt sie selbst Energie auf.

Mit anderen Worten: Die Raumenergie muss eingefangen werden über verschiedene andere Energieformen. Man benötigt eine magnetische Welle und eine gravitatorische Welle, um die tachyonische Welle zur Mitarbeit zu bewegen. Die gravitatorische Welle ist gewissermaßen das "missing link", das fehlende Bindeglied, das bisher nicht entdeckt worden war. Hierin liegt einer der Gründe, warum man der "Raumenergie" nicht zu Leibe rücken konnte.

Betrachten wir also diese neue Welle, die gravomagnetische Welle, noch einmal sehr genau.

DIE ENTDECKUNG DES GRAVOMAGNETISMUS

Tatsächlich war der Weg, diese neue Energie zu entdecken, kurvig und führte anfänglich nicht direkt zum Ziel. Tausende von Stunden Forschung wurden investiert. Zunächst handelte es sich um nichts als eine Annahme, aber wie sollte man diese Annahme beweisen? Ein echter Beweis war nur dann anzutreten, wenn man diese Kraft, diese neue Energie, empfangen konnte. Hierfür benötigte man eine neue Art von Antenne. Man benötigte kurz gesagt eine Antenne, die gravomagnetische Wellen einfangen konnte. Aber eine solche Antenne existierte nicht. Also galt es, die Ärmel aufzukrempeln. Es musste probiert, versucht, getestet und getüftelt werden. Hunderte Male. Tausende Male. Inzwischen jedoch gibt es eine solche Antenne! Ein Triumph der Geduld! Wie formulierte es Edison so unnachahmlich gut? Er sagte: "Der sicherste Weg zum Erfolg ist, es immer noch einmal zu versuchen."

Wir verfügen mittlerweile also auch über eine Antenne oder Spule für gravomagnetische Wellen. Eine zylindrische Luftspule (ohne Eisenkern) mit Konstruktionsmerkmalen, die wir inzwischen genau definiert und festgelegt haben, dient heute als Antenne, um diese neuartigen gravomagnetischen Wellen zu empfangen.

Um in die *elektrische* Ebene der *elektro*magnetischen Wellen einzugreifen, bedient man sich bekanntermaßen der Stabantenne. Bei gravomagnetischen Wellen ist eine Stabantenne jedoch nutzlos, man braucht eine besondere Flachspulenantenne, die auf der gravitatorischen Ebene einkoppelt. Dieses Kabinettstückchen der Ingenieurskunst erblickte präzise im Jahre 1991 das Licht der Welt. Die genauen Konstruktionsmerkmale änderten sich während unserer Forschung, bis sich schließlich ein vollständig zufriedenstellendes Ergebnis abzeichnete.

Tatsächlich ist der Versuch, innerhalb des Rahmens der (schulischen, althergebrachten) Schwerkraftphysik die Existenz von Gravitationswellen anzunehmen, nicht neu. Aber die Forscher begegneten hier immer wieder einem Problem: Die Gravitation ist per Definition eine statische, sprich eine ruhende Energieform. Sie kann also nicht gleichzeitig dynamisch sein. In der Folge versuchten daher Schwerkraftphysiker geradezu verzweifelt, bestimmte physikalische Phänomene im Rahmen der herkömmlichen Physik zu erklären - ohne den Gravomagnetismus. Eine gravitatorische Welle schien ihnen ein Widerspruch in sich selbst zu sein.

Festhalten muss man in diesem Zusammenhang, dass es ja auch keine *Magnetwelle* gibt, es gibt nur die *elektromagnetische Welle*. So gesehen gibt es wahrscheinlich auch keine allein stehende Gravitationswelle, sondern nur eine gravomagnetische Welle.

Am häufigsten kommt unserer Beobachtung nach die gravomagnetische Welle in der freien Natur vor, an allen möglichen Orten tatsächlich. Ständig sind wir von einem Kraftfeld umgeben, das Mutter Erde abgibt. Genauso wie das Magnetfeld der Erde und das Gravitationsfeld ständig vorhanden sind, so existiert nachweislich auch ein gravomagnetisches Feld, das man als gravomagnetisches Erdfeld bezeichnen könnte.

Wie aber entstehen die gravomagnetischen Wellen? Nun, wir vermuten, dass es sich ursprünglich um Raumenergie handelte, die umgewandelt wurde - in eben diese gravomagnetischen Wellen. Festhalten muss man jedoch, dass alle Arten von Materialien (Nickel, Eisen und Kalk etwa) aufgrund der unterschiedlichen atomaren Strukturen eine materialspezifische Eigenschwingung besitzen, die in der Folge dem gravomagnetischen Feld gewissermaßen aufgeprägt wird.

Noch einmal: Wir gehen davon aus, dass die Tachyonen, die die verschiedenen Schichten der Erde durchdringen, ein gravomagnetisches Feld entstehen lassen, mit einer eigenen Frequenz, definiert durch die speziellen Materialien, denen sie auf ihrer

Reise begegnen. Dabei gilt: Je stärker/massiver die (Erd-)Schichten sind, umso größer ist die Wechselwirkung zwischen dem freien Raumenergiefeld und dem dabei entstehenden gravomagnetischen Feld. Es gibt also unseren Messungen zufolge unterschiedliche Stärken und Intensitäten dieses gravomagnetischen Feldes. Es ist jedoch stets stark genug, um bis zur Erdoberfläche durchzubrechen. Indem es verschiedene Materialschichten durchdringt, wird seine Intensität offenbar nach und nach abgeschwächt.

Die Entdeckung des Gravomagnetismus wird unserer Ansicht nach zu 1001 weiteren Erfindungen führen. Es handelt es um eines der aufregendsten Themen, die man sich vorstellen kann.

EINE VÖLLIG NEUE THEORIE

Obwohl wir Sie nun schon mit genügend Neuigkeiten (und Unwahrscheinlichkeiten, wird der Schulphysiker hinzufügen) traktiert haben, müssen wir noch eine weitere Theorie und Annahme hinzufügen. Sie rankt sich rund um das Thema *Erdkern* und könnte ebenfalls eine kleine Revolution auslösen.

Gehen wir dazu zunächst einen Schritt zurück. Bis heute kann der Schulphysiker, der Geophysiker in diesem Fall, nicht wirklich beweisen, was tatsächlich in den tiefsten Tiefen der Erde aufzufinden ist. Wir haben diesen Umstand bereits angedeutet. Der Erdkern, der in etwa 6.300 Kilometern Tiefe gelegen ist, wurde noch nie angebohrt. Bislang kann man mit Spezialapparaturen allenfalls einige wenige, bescheidene Kilometer unter die Erdoberfläche dringen. Selbst dort wird man bereits von einer unvorstellbaren Hitze empfangen. Die einzigen Personen, die bislang in die tiefsten Tiefen vordringen konnten, waren Science-Fiction-Autoren wie Jules Verne, der mit seinem Geflunker und seinen wilden Phantasien unsere Jugend versüßte.

Mithilfe der derzeitigen Messmethoden kann man jedoch nicht mit absoluter Sicherheit beweisen, was sich wirklich im Zentrum der Erde befindet. Dabei ist die Frage sehr spannend. Seit etwa 300 bis 400 Jahren hat man Schritt für Schritt auch die Idee, dass sich die Hölle und Teufel dort befinden, ad acta gelegt. Aber wie, verflixt, sieht der Erdkern nun in Wirklichkeit aus?

Bislang ging man davon aus, dass der Erdkern aus Metall besteht. Sein Durchmesser beträgt laut einschlägigen Behauptungen der Geophysiker 6942 Kilometer. Obwohl der Erdkern nur ein Sechstel des Erdvolumens ausmacht, trägt er aufgrund seiner Dichte zu rund einem Drittel zur gesamten Erdmasse bei. Also ein metallischer Erdkern!

Wir glauben, es ist Zeit, auch in dieser Beziehung zumindest neu nachzudenken und eine weitere Theorie zuzulassen. Packen wir also aus: Unserer Meinung nach sollte man sehr ernsthaft darüber nachdenken, ob der Erdkern nicht aus *Wasserstoff* besteht. Tatsächlich sprechen viele Fakten für diese Annahme. Zumindest indirekt können wir diese Behauptung sogar beweisen.

Aber zunächst einige Vorüberlegungen! Man denke einmal über folgenden Sachverhalt nach: Über 99 Prozent der gesamten Materie des Weltalls - man muss es sich vor Augen halten! - bestehen ... aus Wasserstoff! Dieser Wasserstoff tritt in den verschiedensten Formen auf. Das ist Grund genug, im Wasserstoff den "Urstoff" der Materie zu vermuten.

Und weiter im Text: Bei genaueren Untersuchungen des Saturns etwa stoßen wir auf einen felsigen Kern, der von metallischem Wasserstoff umgeben ist. Auch im Falle des Jupiters stellte die NASA (1995) fest, dass der Kern ausschließlich aus metallischem Wasserstoff besteht. Der Planet geht danach in eine plasmaartige Substanz über, wird dann flüssig und erreicht schlussendlich einen gasförmigen Wasserstoffzustand.

Wasserstoff, Wasserstoff, Wasserstoff, wohin das Auge blickt!

Wagt man, seinen eigenen Verstand zu benutzten, so drängt sich sofort die Frage auf: Warum sollte ausgerechnet im Falle des Planeten Erde metallischer Wasserstoff nicht existieren, konkret im Erdzentrum?

Unbekannt war früher der Umstand, dass Wasserstoff unter enormem Druck und höchsten Temperaturen die Eigenschaften von *Metall* annehmen kann! Und so kann man sich vorstellen, wie der Trugschluss zustande kam: Eine Eisen-Nickel-Legierung besitzt etwa das gleiche Gewicht wie eben dieser metallische Wasserstoff. Es ist also zumindest nicht auszuschließen, dass auch unser Erdkern aus metallischem Wasserstoff besteht.

Unsere Messungen mit einem neuen Gerät, das wir an späterer Stelle genauer vorstellen werden, verraten uns, dass es ein gravomagnetisches Feld auf unserer Erde gibt. Dieses Feld nimmt jedoch verschiedene Frequenzen an, wie schon ausgeführt. Umfangreiche Messungen mit eben diesem Gerät suggerieren uns nun, dass dieses gravomagnetische Feld auf unserer Erde ursprünglich die Frequenz von Wasserstoff besaß.

Wahrscheinlich spielt sich das galaktische Abenteuer so ab: Wenn die Tachyonen (= die Raumenergieteilchen) den innersten Erdkern durchdringen, werden sie zunächst in ein gravomagnetisches Feld mit der Frequenz des Wasserstoffes umgewandelt. Setzen diese Tachyonen nun ihren Weg fort, gelangen sie durch die verschiedenen Schichten der Erde, die Eisen-Nickel-Schicht und so weiter. Diese Schichten schwächen sie zwar ab, aber sie gelangen trotzdem an die Oberfläche der Erde. Soweit der wahrscheinliche Zyklus. An der Oberfläche der Erde treten die Tachyonen aus – und können von unserem Gerät empfangen und sogar verwertet und genutzt werden.

Der Gravomagnetismus ist das erste Geheimnis, was die Raumenergie angeht. Tatsächlich gibt es darüber hinaus aber noch ein zweites Geheimnis. Dazu gleich mehr. Aber vorher müssen wir noch auf einige hochinteressante Phänomene aufmerksam machen, über die sich zahlreiche kluge Geister bereits den Kopf zerbrochen haben und die durch die Annahme der Existenz des Gravomagnetismus eine Erklärung finden. Wir betreten damit ein völlig neues Gebiet, das im Allgemeinen der Esoterik zugeordnet wird, aber unseres Erachtens nach auch physikalisch verstanden werden kann.

- 8-
Unerklärliches erklärt - oder: Wunder der Natur

Die Entdeckung des Gravomagnetismus bietet, wie schon angedeutet, wahrscheinlich 1001 Anwendungsmöglichkeiten. Weiter bietet diese neue Energie Erklärungen für zahlreiche Phänomene. Denken wir in diesem Zusammenhang nur an das Stiefkind der Physik im 20. Jahrhundert, an die berühmten "Erdstrahlen", über die buchstäblich Tausende, ja Zehntausende von Menschen Zeugnis ablegten und berichteten (und immer noch berichten).

Stellen wir zunächst ganz unschuldig die Frage: Was sind eigentlich "Erdstrahlen"? Auf den ersten Blick handelt es sich um nicht näher definierte Strahlen, die mittels Wünschelruten oder Pendeln offensichtlich nachweisbar sind. Sie besitzen, laut zahlreichen Statements, unerfreuliche Wirkungen, was die menschliche Gesundheit angeht. Ein Schlafplatz über einer Wasserader (mit ihren Strahlen) soll sich besonders schädlich auf die menschliche Gesundheit und die Psyche auswirken.

"Offiziell" existieren jedoch weder für die Existenz dieser Strahlen noch für ihre schädlichen Auswirkungen "wissenschaftlich anerkannte" Belege. Von der Schulphysik wird die Existenz der Erdstrahlen normalerweise vollständig ignoriert, es ist jedenfalls erstaunlich, wie wenige Forschungen in dieser Richtung bisher in die Wege geleitet wurden. Sie passen offensichtlich nicht in das Weltbild der Schulphysik, also schiebt man sie rasch beiseite.

Um es kurz zu machen, Menschen, bei denen Ruten über Wasseradern ausschlagen oder die diese mit Pendeln aufspüren können, werden in ihrer Gesamtheit als ein unwissenschaftliches Völkchen bezeichnet, dem man offenbar keinerlei Aufmerksamkeit schenken muss. Teilweise werden sie der Lächerlichkeit preisgegeben, manchmal werden sie offen bekämpft. Tatsache ist auf der anderen Seite, das es schon seit Tausenden von Jahren "strahlungsfühlige" Menschen gab, die mit einer einfachen Rute imstande waren, Wasseradern aufzuspüren.

Zwei bedeutende Vorteile konnte man hieraus ziehen: Die (in bestimmten Teilen der Welt) überlebenswichtige Trinkwasserversorgung wurde dadurch sichergestellt, weiter konnte man die negativen Wirkungen von unterirdischen "Wasseradern" mit ihren Strahlen im Schlafbereich vermeiden. Die Physik des 20. Jahrhunderts ignorierte jedoch wie gesagt beinahe vollständig dieses Phänomen, weil nicht etwas existieren konnte, was nicht existieren durfte. Das Motto lautete: Was man nicht elektronisch messen und also den bekannten Energien zuordnen konnte, besaß gewissermaßen keine Erlaubnis, vorhanden zu sein. Eine sehr beschränkte Sichtweise!

Der Mensch selbst wurde nicht als Messgerät akzeptiert, obwohl er vielleicht das universalste, feinfühligste und empfindsamste Messgerät aller Zeiten ist. Die erstaunlichen Wahrnehmungsfähigkeiten hochbegabter Menschen wurden also vom Tisch gewischt, und nur der Elektrizität, der Elektronik und dem Magnetismus wurde eine Existenzberechtigung zugestanden. Wie kurzsichtig kann man sein!

Einige Wissenschaftler versuchten immerhin, diese ominösen Erdstrahlen dem elektromagnetischen Spektrum zuzuordnen. Bedenkt man jedoch, dass Radio- oder Mikrowellen kaum durch eine eisenbewehrte Betondecke zu dringen vermögen, so erkennt man sehr rasch, dass man mit dieser Sichtweise nur scheitern kann. Elektromagnetische Wellen sind folgerichtig kaum imstande, mehrere Kilometer Erdreich zu durchdringen. Wieder andere Wissenschaftler versuchten, diese Erdstrahlung auf unterschiedliche Bodenbeschaffenheiten zurückzuführen. Wieder andere Physiker gefielen sich darin, das natürliche Magnetfeld der Erde verantwortlich zu machen. Und ja, es gibt Anomalien der Magnetfeldstärke, die mit heutigen modernen Magnetometern nebenbei bemerkt leicht messbar sind - sofern es keine Sonnenstürme gibt, was zur Folge hat, dass das natürliche Erdmagnetfeld zu stark pulsiert. In diesem Fall ist eine exakte Messung ausgeschlossen.

Kurz und gut, es gab mehrere Versuche, diese mysteriösen "Erdstrahlen" physikalisch einzuordnen, aber man scheiterte ausnahmslos. Zumindest neun unterschiedliche physikalische Messmethoden wurden strapaziert, die aber nur die *Veränderungen* bestimmter physikalischer Erscheinungen feststellen konnten, sie waren nicht imstande, zwischen unterschiedlichen Energiequalitäten zu differenzieren.

Das Problem blieb also bestehen. Der Biomediziner, der in der Lage war, ohne Schere im Kopf zu denken, sowie der aufgeschlossene Geophysiker fragten sich also nach wie vor, wie man diesem Phänomen der "Erdstrahlen" beikommen konnte.

Worum handelte es sich bei dieser eigenartigen Strahlung? Offenbar vermochte sie sogar mehrere übereinanderliegende Wohnetagen zu durchdringen, die durch eisenbewehrte Betondecken voneinander abgeschirmt waren. Selbst im höchsten Stock konnte sie noch immer mit der Rute gemessen werden.

Weiter stellte sich die Frage, warum gerade diese Art von Strahlung biologisch so wirksam war. Einige Zeitgenossen machten darauf aufmerksam, dass diese Art der Strahlung sogar Krebs auslösen oder fördern konnte.

Rätsel über Rätsel.

Seit dem Jahre 1980 sind wir davon überzeugt, dass es auf alle diese unterschiedlichen Fragen relativ einfache Antworten gibt. Sie haben es bereits erraten: Wir haben es hier erneut mit dem *Gravomagnetismus* zu tun. Dies ist der Schurke im Stück, das "missing link", das bislang übersehen wurde.

Eine Weile stellten wir intensive Forschungen zu eben diesen "Erdstrahlen" an. Im Jahre 1992 war es unübersehbar, dass unterirdisch fließende Wasseradern auf das natürliche gravomagnetische Wasserstofffeld der Erde Einfluss nehmen konnten. Nach buchstäblich Abertausenden von Messungen ließ sich diese Erkenntnis nicht mehr beiseiteschieben.

Was passierte konkret? Wenn wir unser Gerät, auf das wir in den nächsten Kapiteln genauer zu sprechen kommen werden, über eine Wasserader stellten, reagierte es sofort stärker. Positionierten wir es einige Meter *neben* einer unterirdischen Wasserader, waren die Ausschläge dagegen träger und langsamer. Der Schluss war aufregend: Das Fließen einer Wasserader verstärkte offenbar die Intensität des natürlichen gravomagnetischen Wasserstofffeldes der Erde.

Weiter entdeckten wir, dass die Intensität zunahm, je stärker und volumiger die Wasserader war. Das heißt, sowohl die Wassermenge als auch die Fließgeschwindigkeit übten einen Einfluss auf die Intensität des natürlichen gravomagnetischen Wasserstofffeldes aus. Es entstand so etwas wie ein Linseneffekt. Offenbar handelte es sich um folgendes physikalisches Phänomen: Eine Wechselwirkung entstand zwischen dem Wasserstoff der Wassermoleküle – und dem die Erde durchdringenden, freien Tachyonenstrom. Die Wechselwirkung bestand aller Wahrscheinlichkeit darin, dass der Wasserstoff des Wassers (= Materie) erneut als Wandler für das Raumenergiefeld diente. Es entstand ein gravomagnetisches Feld mit der Frequenz des Wasserstoffes der Wasserader, welches das natürliche, vorherige gravomagnetische Wasserstofffeld in seiner

Intensität erhöhte. Anders ausgedrückt: Freie Tachyonen wandelten sich zu gebundenen Tachyonen.

Dieses neue gravomagnetische Wasserstofffeld wirkte in der Folge in bestimmter Weise auf den menschlichen Organismus. - Jeder weiß, dass ein menschlicher Körper zu rund 63 Prozent aus Wasser besteht. In allen Körperflüssigkeiten (Schweiß, Tränen, Blut und so weiter) ist Wasser enthalten. Aber auch bei dem Verdauungsvorgang etwa werden Unmengen von Wasser benötigt.

Wasser besteht aus Wasserstoff und Sauerstoff, wie ebenfalls sattsam bekannt ist. Ein allgemeingültiger Lehrsatz der Physik lautet jedoch: Ein genügend starkes Kraftfeld, dessen Frequenz der Eigenresonanzfrequenz eines bestimmten Stoffes entspricht, übt eine Wirkung auf eben diesen Stoff aus - und sei es nur auf atomarer oder molekularer Ebene. Unter diesem Gesichtspunkt lassen sich also die "Erdstrahlen" und ihre Wirkung auf den menschlichen Organismus leicht erklären. Das Wasserstofffeld der Erde und der Wasserstoff im menschlichen Körper geraten in Kontakt, sie wirken aufeinander ein. Unser Körper ist auf das natürliche Wasserstofffeld der Erde eingestellt, dessen Kräfte normalerweise gleichmäßige Effekte ausüben. Wird dieses natürliche Wasserstofffeld der Erde jedoch in seiner Intensität erhöht, so spricht der menschliche Organismus darauf offensichtlich in einer nichtoptimalen Form an.

Ein vor einigen Jahren durchgeführtes Forschungsprojekt unter der Leitung von Dr. med. Bergsmann bewies denn auch tatsächlich, dass geopathogene Störzonen, wie das der Fachmann nennt, das Regulationssystem im menschlichen Körper messbar verändern können. Etwa eintausend Versuchspersonen und über 160.000 Messdaten, die von über 16 bekannten biophysikalischen und biochemischen Messmethoden gewonnen wurden, wertete man im Rahmen dieses Forschungsprojektes aus. Finanziert wurde das Experiment von der österreichischen Wohnbauforschung, die sich strikte Neutralität aufs Banner geschrieben hat. (1)

Das Ergebnis war eindeutig!

Die gute Nachricht lautet also: Erdstrahlen kann man inzwischen sehr genau definieren. Sie sind im Grunde genommen nichts anderes als eine Intensitätsanomalie des gravomagnetischen Wasserstofffeldes der Erde.

Kommen wir nun zu einer zweiten Anwendungsmöglichkeit des Gravomagnetismus, die vielleicht noch aufregender ist.

EIN NEUES IMMOBILIENZEITALTER

Erlauben Sie uns, Ihnen eine Frage zu stellen: Kennen Sie alte, feuchte Gebäude? Gebäude, in denen Wasser zu finden ist? Wenn Sie die Feuchtigkeit an diesen Gebäuden genau beobachten, mit Argusaugen, so werden Sie feststellen, dass die Feuchtigkeit an einigen Stellen manchmal viele Meter über dem Boden zu entdecken ist, sie ist dort intensiver und stärker als in dem Mauerwerk, das näher zum Boden gelegen ist. Seltsam, nicht? Eigentlich müsste es sich doch umgekehrt verhalten!

Tatsächlich gibt es zahlreiche Gebäude, die von der sogenannten "Mauerfeuchtigkeit" betroffen sind. Wir begegnen ihnen sowohl im städtischen wie im ländlichen Bereich. Sie brauchen sich nur verschiedene Fassaden genau anzusehen. Aber der springende Punkt ist: Wenn in einem Bereich einer Fassade die Feuchte doppelt so hoch aufsteigt wie an einer anderen Stelle, so ist das zumindest eigenartig. Es handelt sich regelrecht um einen Physikkrimi. Der intelligente, nachdenkliche Zeitgenosse fragt sofort nach der Ursache.

Auf den ersten Blick existiert kein einziger Grund unter der Sonne, warum die Feuchtigkeit an einigen Stellen so hoch aufsteigt, während an anderen Stellen die Feuchtigkeit im Mauerwerk nur ein wenig über dem Boden zu entdecken ist. Warum also gibt es unterschiedlich hohe Feuchtigkeitsanstiege, unterschiedliche Höhen der Feuchtigkeit, bei alten Gemäuern?

Die Bauphysik und die Schulphysik verfügen über keinerlei Erklärung für dieses Phänomen, das dabei vor unser aller Augen offen zutage liegt. Selbstredend muss man zunächst ausschließen, dass schadhafte Dachrinnen, Rohrbrüche, unterschiedliche Baumaterialien und so weiter die Ursache sind. Aber selbst wenn man all diese Gründe eliminiert - tatsächlich existieren noch einige "natürliche" Ursachen mehr -, so bleibt dennoch das Phänomen bestehen.

Tatsächlich konnte uns bislang kein einziger Bauphysiker über dieses unerklärliche Verhalten der Baufeuchte Aufschluss geben. Sehr offensichtlich müssen hier gewaltige Kräfte im Spiel sein, denn wie kann Wasser *viele Meter hoch* (gegen die Schwerkraft!) in einem Gemäuer aufsteigen? Tatsächlich sprechen wir hier von *einigen hundert Litern Wasser per Kubikmeter Mauer*!

Ein echtes Rätsel!

Als wir selbst die Ärmel aufkrempelten und Untersuchungen anstellten, gelangten wir schließlich zu einem Ergebnis, das sich zumindest in einigen Punkten mit der Erklärung des verstorbenen deutschen Bauingenieurs Dipl. Ing. Robert Endrös deckte. Endrös machte zu seiner Zeit Mikrowellen verantwortlich für dieses Phänomen, er glaubte, dass sie durch eine Wasserader erzeugt würden. Flugs bezeichnete er diese Mikrowellen in der Folge als *Erdstrahlen*. Aber halt! Bestimmte Experimente beweisen ganz klar, dass Mikrowellen nicht durch mehrere Meter Erdreich zu dringen vermögen, zumal man sie einfach abschirmen kann. Immerhin hatte er nicht ganz unrecht, was den Frequenzbereich anging, da die Frequenz des Wasserstoffes im Mikrowellenbereich liegt. Somit kam der Ingenieur Endrös der Lösung der "Erdstrahlen" zumindest nahe.

Aber gemäß unseren Forschungsergebnissen bewirkt ein *Intensitätsanstieg des Wasserstofffeldes*, das aus dem Boden senkrecht nach oben austritt, das Phänomen, hier liegt der Hund begraben. Es übt einen Einfluss auf die Kapillaren, sprich die engen Hohlräume in festen Körpern, in unserem Fall auf das Innere der Mauersteine aus. Auf diese Weise erhalten wir unterschiedliche Feuchtigkeitsanstiege im Mauerwerk.

An der Stelle, da die Wasserader am stärksten fließt, im Zentrum des Fließbettes also, ist die kapillare Steighöhe am höchsten, was man manchmal an den bogenartigen Feuchtigkeitslinien auf der Wand sehr gut erkennen kann. Genau dort liegt mithin das Maximum der Intensitätsanomalie des gravomagnetischen Wasserstofffeldes.

Der neue Lehrsatz, die neue Gesetzmäßigkeit lautet also sehr einfach: Ein Intensitätsanstieg des gravomagnetischen Wasserstofffeldes der Erde, welches durch eine Wasserader verursacht wird, ist für die zusätzliche Erhöhung der Steighöhe verantwortlich!

Umgekehrt existieren nebenbei bemerkt auch geologische Einflüsse, die lokal zu Intensitäts*abfällen* führen und somit die kapillare Steighöhe mindern können. Fest steht jedoch, dass die gravomagnetische Wasserstoffstrahlung der Erde generell einen *verstärkenden* physikalischen Einfluss auf die kapillare Steighöhe besitzt.

Wieder begegnen wir also dem Gravomagnetismus, wobei wir genau in diesem Zusammenhang an späterer Stelle unser Gerät vorstellen können, das zeigt, wie man eben dieser Feuchte zu Leibe rücken und sie tatsächlich zum Verschwinden bringen kann! Sie verstehen die Ungeheuerlichkeit dieses Statements? *Erstmalig kann die Raumenergie systematisch genutzt und zur Anwendung gebracht werden!* Man darf also ohne Übertreibung von einem neuen Immobilienzeitalter sprechen, denn diese Feuchte hat schon so manchen Hausbesitzer zur Verzweiflung getrieben. Aber wir stellen unser Gerät wie gesagt an späterer Stelle vor.

Dabei ist das noch nicht einmal alles, was diesen faszinierenden Gravomagnetismus angeht.

DAS GEHEIMNIS DER WASSERWIRBEL

Wenn Sie Wasser aus Ihrem Waschbecken oder aus Ihrer Badewanne ablaufen lassen, so entsteht ein Wasserwirbel. Wir sind sicher, Sie haben dieses Phänomen bereits selbst beobachtet. Aber wissen Sie, in welche Richtung sich der Wirbel dreht? Nein?

Dann probieren Sie es einmal aus! Wenn Sie sich auf der nördlichen Halbkugel unseres Planeten befinden, zum Beispiel in der Alpenrepublik Österreich, dann müsste das Wasser aufgrund der Rotationskraft unserer Erdkugel theoretisch gegen den Uhrzeigersinn, also linksdrehend, ablaufen. Ist das tatsächlich der Fall? Gedulden wir uns noch einen Augenblick.

Diese spezielle Kraft, die derartige Wirbel erzeugt, nennt man *Corioliskraft*, benannt nach dem französischen Physiker und Mathematiker Gaspard Gustave de Coriolis (1792-1843). Noch einmal: Die Rotationskraft unserer Erde ist für die Richtung der Wirbel, ihre Drehrichtung, verantwortlich! Der Einfluss der Erdrotation auf die Bewegung von Körpern wurde nebenbei bemerkt erstmals von Isaac Newton untersucht.

Aber genau in diesem Zusammenhang erhebt sich für den Schulphysiker ein schier unlösbares Rätsel. Es existieren nachweislich Plätze, an denen die Wasserwirbel "verkehrt herum" ablaufen, in verkehrter Richtung/Drehrichtung also, nicht wie es sich eigentlich gemäß der Rotationskraft unseres Planeten gehört! Dabei ist die Rotationskraft der Erde eine stabile Größe und nicht gerade eine kleine Kraft, immerhin handelt es sich hierbei um einen ganzen Planeten, der sich dreht. Es erhebt sich also die Frage, ob es nicht eine andere Kraft gibt, die der Corioliskraft entgegenwirkt und stärker ist als diese!

Bleiben wir noch eine Weile bei diesen ominösen rechts- und linksdrehenden Kräften, bevor wir das Rätsel lösen.

Rutengänger und Pendler sind mit der "Lösung" nebenbei bemerkt schnell bei der Hand. Zunächst stellen sie fest, dass sich an bestimmten "anomalen Plätzen" etwas nach rechts dreht statt nach links, sie sprechen von einer "rechtsdrehenden Pendelkraft. Flugs bezeichnen sie sie als "rechtsdrehende Erdstrahlung"... ohne das Phänomen jedoch genauer einordnen zu können.

Nebenbei bemerkt gibt es interessanterweise auch in der Natur Bäume, die einen Drehwuchs aufweisen. Sie drehen sich nach links oder nach rechts - aber niemand kann einen plausiblen Grund dafür benennen. Selbst bei einigen Schlingpflanzen kann man dieses Phänomen beobachten. Sie schlingen sich manchmal aufwärts in einer bestimmten Richtung um einen Baumstamm. Auch hier gibt es unterschiedliche Drehrichtungen.

Was ist nun des Rätsels Lösung?

Nun, immer sind bei solchen Phänomenen eine oder mehrere Wasseradern mit im Spiel. Ein Pendler, der sich in der Nähe solcher Schlingpflanzen befindet, wird sein Pendel immer in der Drehrichtung der Pflanze ausschlagen sehen! Die Pflanze und der Pendler unterliegen also der gleichen Kraft. Aber der Rutengänger oder Pendler spricht nur von "magischem" oder jedenfalls unerklärlichem *links- oder rechtsdrehendem Wasser*. Damit kann jedoch niemand in der Wirbelphysik wirklich etwas anfangen. Deshalb wurde diese Erscheinung schnell in den Bereich der Mystik abgeschoben, damit war man aus dem Schneider. Und so blieb das links- oder rechtsdrehende Wasser tatsächlich bis heute unerforscht.

Dabei liegt die Lösung auf der Hand. Es ist natürlich die Fließrichtung der Wasserader und die Rotationskraftrichtung, welche die Drehrichtung eines Wirbels verursachen. Nehmen wir an, eine Wasserader fließt von Nord nach Süd und die Rotationskraft der Erde wirkt von Westen nach Osten. Betrachtet man nun beide Kräfte zusammen, so ergibt sich automatisch eine Rotationsrichtung gegen den Uhrzeigersinn, also eine Linksdrehung.

Fließt die Wasserader dagegen von Süden nach Norden, so ist das Resultat zusammen mit der Rotationskraft der Erde eine Drehung im Uhrzeigersinn, als eine Rechtsdrehung.

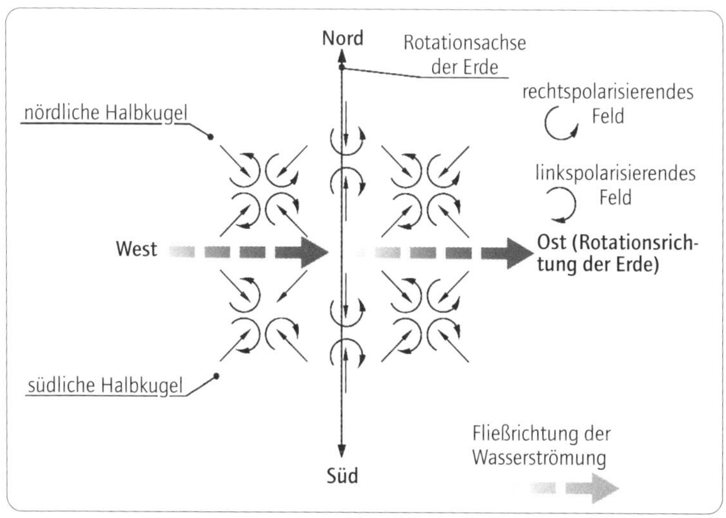

Die Kräfte des Universums

Aber der springende Punkt steht noch aus, auch wenn Sie ihn bereits erraten haben: Natürlich ist an der Anomalie der Wirbel erneut das *Wasserstofffeld der Erde* beteiligt. Die Fließkraft der Wasserader und die Rotationskraft der Erde üben offensichtlich beide einen Einfluss auf die Polarisationsrichtung (= die Links- oder Rechtsdrehung) des gravomagnetischen Wasserstofffeldes der Erde aus. Wenn nun diese Polarisationskräfte des Wasserstofffeldes stärker sind als die Corioliskraft und ihr entgegenwirken, dann beginnt sich ein Wasserwirbel aufgrund dieser nun dominierenden Kraft "verkehrt herum" zu drehen.

Damit aber haben wir der Natur ein weiteres Geheimnis abgelauscht. Ein entsprechendes Gesetzt lautet also: **Die Fließrichtung der Wasserader und die Rotationskraftrichtung der Erde bestimmen die Polarisationsrichtung des gravomagnetischen Wasserstofffeldes.**

Für die unterschiedlichen Drehwüchse bei Pflanzen können wir ein weiteres Gesetz formulieren: **Die Polarisation des gravomagnetischen Wasserstofffeldes bewirkt in wässrigen Flüssigkeiten bei multikapillaren Systemen eine räumliche Links- oder Rechtsdrehung.**

Es ist im Grunde genommen sehr simpel. Selbst bestimmte Phänomene der Pflanzenwelt können wir also auf einmal einordnen und verstehen. Und so gelangen wir zu unserer endgültigen Definition unserer ominösen "Erdstrahlen".

NOCH EINMAL: DAS RÄTSEL DER ERDSTRAHLEN

Wagen wir erneut einen Sprung zu den *biologischen* Wirkungen des links- oder rechtspolarisierten gravomagnetischen Wasserstofffeldes. Wir verstehen unversehens sehr viel mehr. Was den menschlichen Körper angeht, so sehen wir uns lediglich zwei unterschiedlichen Wirkungen aufgrund der unterschiedlichen Polarisationsarten (= der rechts- oder linksdrehenden Art) gegenüber. Die Erfahrung zeigt - gelegentlich auch andeutungsweise einige Literatur -, dass das rechtspolarisierte (= rechtsdrehende) Wasserstofffeld biologisch gesehen im Allgemeinen positiv wirkt und das linkspolarisierte (= linksdrehende) Wasserstofffeld eher negativ.

Der Grund hierfür liegt auf der Hand. Der *Spin*, dass heißt der *Eigendrall* des Wasserstoffatoms in unserem menschlichen Organismus, ist von Natur aus rechtsdrehend. Und das ist auch schon das ganze Geheimnis, damit treffen wir den Nagel auf den Kopf. Wir fühlen uns also sehr einfach sehr viel wohler, wenn die "Umgebung" ebenfalls rechtsdrehend ist. Wenn die Messtechnik auf diesem Gebiet eine neue, höhere Stufe erreicht haben und fortgeschrittener sein wird, ist zu erwarten, dass wir noch mehr über dieses interessante Phänomen in Erfahrung bringen werden. Aber wir können nun endlich eine endgültige Definition der mysteriösen "Erdstrahlen" vorstellen und unsere ursprüngliche Definition erweitern und präzisieren: **Erdstrahlen sind gravomagnetische Intensitäts- und Polarisationsanomalien des biologisch wirksamen Wasserstofffeldes der Erde.**

Was ist nun mit dem ominösen Krebs, vor dem heute so viele Menschen Angst haben - obwohl inzwischen über 80 Prozent heilbar sind. Bedeuten unsere Ausführungen nun endgültig, dass Krebs durch das gravomagnetische Wasserstofffeld gefördert oder sogar ausgelöst wird - oder ist das alles ausgemachter Unsinn? Unserer Ansicht nach ist zumindest der Verdacht nicht auszuschließen. Wir gehen zwar davon aus, dass Krebs allgemein psychischen Ursprung ist - eine Person muss gewissermaßen dafür "anfällig" sein, damit überhaupt ein Krebs entstehen kann -, aber dennoch ist es auch legitim, die rein körperliche Ebene zu betrachten.

Auf eben dieser körperlichen oder physikalischen Ebene kommt es auf Grund der gravomagnetischen und Polarisationsanomalien in der Folge zu energetischen Problemen im menschlichen Organismus. Das Ergebnis sind atomare Veränderungen der Wasserstoffatome im Körper. In der weiteren Folge ist mit molekularen Anomalien und Veränderungen der Körperflüssigkeiten zu rechnen.

Schlussendlich entstehen auf der zellularen Ebene Anomalien. Dies führt im Endstadium zu einer Krebszelle.

Vielleicht ist das zumindest ein Erklärungsmodell *einiger* Krebsarten - man darf nie vergessen, dass es zahlreiche Arten von Krebssorten gibt, die man nicht alle über einen Kamm scheren darf.

Nicht beantwortet wurde bei dem obigen Modell im Übrigen die Frage, ob die Intensitätsanomalie oder die Polarisationsanomalie des Wasserstofffeldes biologisch wirksamer ist. Hier ist noch beträchtliche Forschungsarbeit zu leisten. Wahrscheinlich können wir uns in Zukunft noch auf allerlei Überraschungen gefasst machen.

Gönnen wir uns zu guter Letzt auch noch ein einige ketzerische Anmerkungen zu den legendenumwobenen Rutengehern.

DER RUTENGEHER

Die "Rute" ist normalerweise ein Y-förmiges, also gegabeltes Instrument, oft einfach eine Astgabel, nicht selten wird sie auch aus einem Draht gebogen. Inzwischen gibt es jedoch auch zahlreiche andere Variationen. Mit einer solchen Rute bewaffnet können einige begabte Zeitgenossen Erze, Metalle, geologische Besonderheiten und eben auch Wasseradern aufspüren. Das Phänomen ist bereits seit dem ausgehenden Mittelalter gut dokumentiert.

Im Jahre 1692 erregte in Frankreich ein besonders sensibler Rutengänger Aufsehen, als er mithilfe seiner Rute in einem Mordfall Beweismittel in der Erde entdeckte, die am Tatort vergraben worden waren. Weiter konnte er mit der Rute in der Folge einen der Täter aufspüren und überführen. (2) Es ist überflüssig zu erwähnen, dass diese Story nie endgültig verifiziert werden konnte, ganz davon abgesehen, dass man es im 17. Jahrhundert mit der Wahrheit nicht immer so genau nahm. Aber selbst die *Deutsche Gesellschaft für Technische Zusammenarbeit* (GTZ) setzte noch im 20. Jahrhundert auf Rutengänger bei der Wassersuche etwa und um die Trinkwasserversorgung in öden Gegenden sicherzustellen. In Österreich wurden Pendler und Rutengeher ebenfalls im 20. Jahrhundert um Rat gebeten, konkret bei dem Bau von Autobahnen, um Unfälle zu reduzieren, die vielleicht durch Wasseradern verursacht wurden. Im Irak, im 21. Jahrhundert, setzte man Rutengeher zum Aufspüren von Sprengstoff und Drogen ein.

Der Glaube an die besondere Empfindsamkeit und Wahrnehmungsfähigkeit der Rutengeher ist also weit verbreitet. Aber es gibt auf der anderen Seite auch massive Gegenstimmen. Viele Experten innerhalb der *Landesämter für Bodenforschung* in der Bundesrepublik Deutschland etwa bekämpfen Rutengeher bis aufs Messer. In Deutschland wurden trotzdem je und je öffentliche Mittel zur Untersuchung möglicher Zusammenhänge zwischen Erdstrahlen und Krebserkrankungen von offiziellen Stellen bewilligt. Neutrale, unabhängige Gelehrte, die je und je angeheuert wurden, um die Wissenschaftlichkeit der Rutengeher zu untersuchen, billigten einigen Rutengängern "bei speziellen Aufgaben eine außerordentliche Treffsicherheit [zu] ..., welche kaum oder nicht durch den Zufall erklärt werden[konnte]." (3) Demgegenüber existieren jedoch auch wütende, lautstarke Gegenstimmen. Und so wird sich die gelehrte Welt bis ans Ende aller Tage darüber streiten, was es denn nun mit diesen geheimnisvollen "Rutengehern" wirklich auf sich hat.

Wir persönlich vertreten die Ansicht, dass man all diesen Phänomenen aufgeschlossen gegenüberstehen sollte. Die *Radiästhesie*, wie der Fachausdruck lautet, die *Strahlenfühligkeit*, ist unserer Meinung nach eine besondere Begabung, die man nicht hochmütig abtun sollte. Der Ausdruck *Radiästhesie* leitet sich von dem lateinischen Begriff *radius (= Strahl)* und dem griechischen Wort *aisthesis (= Sinneswahrnehmung)* her. Besonders feinfühlige Menschen können also offenbar "Strahlen" mit Sinnen wahrnehmen, die andere Zeitgenossen nicht bemerken.

Bei Licht betrachtet ist eine solche Begabung durchaus theoretisch denkbar. Zugegeben, vielleicht ist ein solches Talent "paranormal", aber längst gibt es Institute, vor allem in den USA, wo "übernatürliche" Fähigkeiten in zahlreichen wissenschaftlichen Studien nachgewiesen und bestätigt wurden, von seriösen Gelehrten. Wir denken, dass die Forschung erst ganz am Anfang steht, was auch andere spirituelle Talente angeht, wie die Telepathie oder die Fähigkeit, über riesige Entfernungen wahrnehmen zu können und vielleicht sogar Kommunikationen auszusenden. Man sollte nicht alles abbügeln, was nicht sofort "wissenschaftlich" erfasst werden kann, besonders angesichts der Tatsache, dass sich die "Wissenschaft" viele tausend Male bereits geirrt hat, was von Historikern gut belegt ist. Ein wirklich fairer, echter "wissenschaftlicher" Standpunkt besteht darin, allen Phänomenen zunächst einmal unvoreingenommen zu begegnen. Natürlich gibt es unter Esoterikern viele Scharlatane, aber das Gleiche lässt sich auch in Bezug auf die hehre "Wissenschaft" feststellen. In ihrem Namen wurde in der Vergangenheit schon alles Mögliche zusammengefälscht und zusammengelogen, wie in einigen Dokumentationen und Büchern glasklar bewiesen wurde. (4)

Bemühen wir uns also um ein wenig Offenheit! Die *Radiästhesie* beschäftigt sich damit, die Schwingungen von Mineralen, Metallen, Pflanzen, Lebewesen und Wasseradern zu untersuchen, aber sie untersucht auch "feinstoffliche" Phänomene, wie das gern genannt wird, sprich sie ist Energien auf der Spur, die man normalerweise nicht mit der Hand anfassen und greifen kann. Elektromagnetische Felder sowie Energien aller Art liegen in ihrem Zielvisier. Pathogene Orte, schädliche Strahlen, unbekannte

Strahlen, unbekannte Energiefelder, lebensspendende, "heilende" Orte, gute Schlafplätze und gesundheitsförderliche Lokalisationen, ... An all diesen Themen ist die Radiästhesie interessiert.

Noch einmal: Sollte man diese umfänglichen Gebiete mit einer großen Bewegung einfach abtun und als Unsinn bezeichnen? Wir glauben nicht! Der menschliche Geist, Materie und Energie sind Komponenten, die vollständig verstanden sein müssen, bevor man die Radiästhesie wirklich abschließend beurteilen kann. Wer aber konnte bislang den menschlichen Geist in all seinen Tiefen ausloten, und wer hat das Gebiet der Energie in ihren verschiedenen Facetten wirklich vollständig verstanden?

VORLÄUFIGES FAZIT

Persönlich sind wir der Ansicht, dass es möglicherweise zahlreiche neue "Energiearten" zu entdecken gibt. Jede Enge des Denkens in dieser Beziehung, jedes "Vor-Urteil", ist auf jeden Fall nicht "wissenschaftlich".

Die Faszination, die die Elektrizität und der Elektromagnetismus, das Atom und die Atomspaltung momentan auf uns ausüben, wird eines Tages weit übertroffen werden von vollständig neuen Entdeckungen auf dem Gebiet der Energie. Diese werden die Physiker vor neue, packende Aufgaben stellen. Es ist deshalb nicht auszuschließen, dass wir eines Tages ein völlig neues, grundlegend anderes Energiekonzept formulieren müssen, das weitaus mehr die geistige Komponente des Menschen einbezieht, aber auch andere Energiearten zulässt. Bislang stehen wir nur völlig überwältigt vor all diesen gigantischen Energien, die offenbar das Weltall durchziehen und überall anzutreffen sind. Da wir diese Energien noch nicht beherrschen, ja viele Energien nicht einmal kennen, da uns 101 Anwendungsmöglichkeiten fremd sind und wir erst begonnen haben, mit massiven Energien umzugehen, stehen wir nur staunend und stumm vor diesem Kosmos mit all seinen Planeten, Sonnen und Galaxien. Das wird nicht immer so sein. Künftige Generationen werden eines Tages lächelnd auf unser barbarisches Zeitalter zurückblicken und sich über unsere Vorstellungen von "Energie" amüsieren. Man wird von "mittelalterlichen" Vorstellungen sprechen und unserer Ignoranz, wenn wir Glück haben, mit Humor begegnen. Und man wird schmunzelnd darauf verweisen, dass es einst ein Zeitalter gab, in dem man nur vier Grundkräfte in der Physik zuließ und die Existenz des Gravomagnetismus ableugnete.

Fest steht: Die Entdeckung des gravomagnetischen Erdfeldes bringt Licht in das Dunkel vieler Phänomene.

"Erdstrahlen", Rutengeher, Wirbel in der Natur, Wirbel bei Pflanzen und Bäumen, Feuchte in Immobilien, der Einfluss auf den menschlichen Organismus, ... All das sind ja nur einzelne Beispiele, die die Existenz der gravomagnetischen Energie illustrieren. Es ist nicht auszuschließen, dass es noch zahlreiche andere Phänomene gibt, die sich plötzlich einordnen und verstehen lassen.

Eine neue Theorie, so könnte man philosophieren, ist nur so gut, wie sie bislang unerklärbare Phänomene erklären kann und konkrete Anwendungsmöglichkeiten bietet. In diesem Sinne ist die Entdeckung des Gravomagnetismus durchaus ernst zu nehmen. Wer kann schon wirklich etwas dagegen einwenden, wenn man preiswerter und umweltschonender Mauern und Gebäude trockenlegen lassen kann - ein Fakt, an dem man nicht zu rütteln vermag und den wir an späterer Stelle extensiv belegen werden.

Fragen wir uns also noch einmal: Existiert der Gravomagnetismus?

NUR EINE KLEINE GESCHICHTE

Nun, erinnern wir in diesem Zusammenhang an eine köstliche Geschichte, die einst Heinrich Schliemann (1822-1890) widerfuhr. Schliemann, der deutsche Kaufmann, erregte ehemals die Gemüter der etablierten Archäologen, als er eines Tages behauptete, in der heutigen Türkei das sagenhafte Troja wiederentdeckt zu haben. Homer, der große griechische Dichter, hatte rund 850 Jahre vor Christus den Kampf um Troja beschrieben, aber Troja war nie aufgefunden worden. Und plötzlich behauptete Johann Ludwig Heinrich Julius Schliemann, der Englisch, Französisch, Holländisch, Spanisch, Portugiesisch, Italienisch, Russisch, Schwedisch, Polnisch und Arabisch sprach und außerdem Latein und Altgriechisch beherrschte, endlich, endlich Troja aufgespürt zu haben! Später fand Schliemann außerdem noch *Mykenai* - die größte und berühmteste Stadt im alten Griechenland - und hier angeblich das Skelett und die goldene Maske des sagenhaften Agamemnon, des Königs also, der bei dem Kampf um Troja die Griechen in den Kampf geführt hatte. Die Kommentatoren überschlugen sich.

Schliemann wurde zu seiner Zeit bis aufs Messer bekämpft. Er wurde dem Spott preisgegeben und befehdet. Einige Gelehrte behaupteten, Schliemann habe verschiedene kostbare Gegenstände vorher am Fundort vergraben - und in der Folge nur scheinbar wiederentdeckt. Die Realität widerlegte jedoch alle Spötter. Es tauchten in Mykenai einfach zu viele Skelette, Töpferwaren und Masken auf. Trotzdem weigerte sich das archäologische Establishment in den Museen Englands, Russlands und Frankreichs eine Weile hartnäckig, Schliemanns Berichten und Funden Glauben zu schenken. Er wurde nach allen Regeln der Kunst angefeindet und lächerlich gemach, obwohl in Mykenai, der bedeutendsten Stadt des vorgeschichtlichen Griechenlands, schließlich sogar eine ganze Burg ausgegraben werden konnte. Bauern und Sklaven, Kaufleute und Handwerker hatten hier gelebt - und eben auch sagenhaft reiche Könige, wie vielleicht Agamemnon. Homer hatte Mykenai "golddurchstrahlt" und "schätzereich" genannt, und Schliemann bestätigte nun seinen Bericht. Schliemanns Arbeiter gruben innerhalb der Burg Thronsaal und Altarraum, Vorratskammern und Bäder, Empfangsräume, farbige Fußböden und Säulengänge aus - weiter Masken, Vasen, Kessel, Schmuckketten, vielerlei Gegenstände aus Elfenbein, reichverzierte Dolche und Schwerter, Siegel, Ringe, Nadeln, Knöpfe, Becher, Armreifen und Brustharnische.

Nach und nach begannen die Kritiker kleinlauter zu werden und zu verstummen, nur an der vorgeblichen Goldmaske des Agamemnon mäkelten einige weiter herum. Die Datierung stimmte einfach nicht. Immer wieder wies die etablierte Archäologie darauf hin, dass die angebliche Goldmaske des Agamemnon samt Skelett unmöglich eben diesem König zugeordnet werden könne.

Nun, Schliemann behielt mit seinen Behauptungen schließlich zu 99 Prozent recht - bis auf die Goldmaske des Agamemnon. Und so rief er schließlich humorvoll am Ende seines Lebens aus, als ernsthafte Forscher und Archäologiekollegen immer noch auf ihn einredeten und ihn endlich überzeugten, dass die gefundenen Überreste des mykenischen Königs unmöglich Agamemnon zuzuordnen seien: "Was? Das ist also nicht Agamemnons Leiche und Schmuck? Gut! Nennen wir ihn Schulze!" (5) Sie verstehen? Das nennen wir Humor!

Fest stand, Schliemann hatte eine *unglaubliche* Entdeckung gemacht. Wie aber ein einziges, ein einzelnes Details dieser Entdeckung schlussendlich benannt wurde, war im Grunde vollkommen nebensächlich.

NOCH EINMAL: DER GRAVOMAGNETISMUS

Im Klartext bedeutet das: Der Gravomagnetismus mag vielleicht ebenfalls eines Tages eine andere Bezeichnung erfahren, die Theorien mögen abgeändert, verbessert und modifiziert werden, aber die Entdeckung wird bleiben.

Dabei ist der Gravomagnetismus nicht die einzige neue Energie, auf die man stößt, wenn man sich mit der *Raumenergie* beschäftigt. Erinnern wir uns: Unser Ausgangspunkt bestand darin, neue Energieformen zu beobachten, in die sich die "Raumenergie" umwandeln und verwandeln kann. Wir nannten den "Gravomagnetismus" das erste Geheimnis. Tatsächlich gibt es aber noch ein zweites Geheimnis und eine zweite Energieform, die bislang völlig unbekannt war.

- 9 -
Die Elektrogravitation

Bei der zweiten, bislang in der Physik unbekannten dynamischen Energieform, die wir entdecken konnten und die die Praxis regelrecht einfordert, handelt es sich um die *Elektrogravitation*, wie wir sie getauft haben. In dem Begriff stecken natürlich die Wörter *Elektrizität* und *Gravitation*. Wir sprechen hier von einem ganzen Energiespektrum, in dem durch Elektrizität die Gravitation der Materie beeinflusst wird.

Tatsächlich machten bereits in den 30er-Jahren des letzten Jahrhunderts zwei Forscher, die beiden Physikern Biefeld und Brown, auf diese Energieform aufmerksam. Nach einigen aufsehenerregenden Berichten gelang ihnen nichts weniger, als die Schwerkraft selbst aufzuheben - was natürlich unvorstellbare Perspektiven in sich barg. Wenn es wirklich gelingen konnte, die Gravitation selbst aufzuheben, überlegten sich Investoren und Zukunftsforscher, dann würde ein solches Unternehmen eine unvorstellbare technische Revolution auslösen - das wusste jeder, der zwei und zwei zusammenzählen konnte. Wenn es tatsächlich möglich war, die Schwerkraft von Autos und Flugzeugen mit einem Knopfdruck zum Verschwinden zu bringen, würde man mit einem Schlag zahlreiche Probleme des Güter- und Personentransportes lösen können, auf einem vollständig neuen Niveau. Viele

Umweltschäden würden plötzlich der Vergangenheit angehören, und die Zeitspannen des Transportes konnte man unendlich verbilligen und verkürzen. Die überschallschnellen Düsenflugzeuge würden sich im Vergleich zu zukünftigen Anti-Grav-Flugtriebwerken wie Schnecken zu Geparden verhalten. Wenn der Mensch endlich, endlich Herr über die Gravitation wäre, würde ein vollständig neues Zeitalter eingeläutet werden, man würde in eine wirkliche Raumfahrtära eintreten. Die Konsequenzen und die Perspektiven waren schlicht atemberaubend.

Man sollte in diesem Zusammenhang nie vergessen, dass so manche wilde Idee, die zunächst nur in den Köpfen einiger Science-Fiction-Autoren existierte, schließlich tatsächlich das Licht der Welt erblickte. Man denke nur etwa an die Lasertechnologie oder an Raumflugzeuge, die bis zum Mond fliegen können - ehemals wurden solche Gedanken als Hirngespinst und Humbug abgetan. Und so muss man zunächst realisieren, dass es immer zuerst die Träumer sind, die eine Idee populär machen, die Schriftsteller, Maler und Filmemacher, bevor einige Ingenieure tatsächlich die Ärmel aufkrempeln und eine revolutionäre Idee Wirklichkeit werden lassen. In diesem Sinne sind Science-Fiction-Autoren oder Filmmacher wie George Lucas und Steven Spielberg immer ihrer Zeit voraus.

Die Vorstellung, die Gravitation aufzuheben und zu bändigen, hatten bereits Science-Fiction-Autoren wie E. E. Smith, Isaac Asimov, Robert Heinlein oder A. E. van Vogt populär gemacht, aber Biefeld und Brown waren tatsächlich die ersten Ingenieure, die die Idee für bare Münze nahmen, ernsthaft darüber nachdachten und in diese Richtung zu experimentieren begannen. Um wen handelte es sich bei diesen beiden unorthodoxen, interessanten Figuren?

Nun, Paul Biefeld (1867-1943) und Thomas Brown (1905-1985) waren Physiker mit Leib und Seele und keineswegs weltferne Träumer. Biefeld, ein deutscher Astronom und Physiker, hatte an einer US-Universität Elektrotechnik studiert, hatte sogar kurz mit Albert

Einstein zusammengearbeitet und war Professor für Mathematik, Physik, Astronomie und Elektrotechnik an verschiedenen Universitäten Deutschlands und der USA.

Brown, ein US-amerikanischer Physiker und Forscher, hatte bereits während seiner Collegezeit erste Entdeckungen gemacht, war weiter am *California Institute of Technology* aufgrund seiner Begabung aufgefallen und hatte an verschiedenen Observatorien und in Research-Laboratorien gearbeitet. Eine Zeit lang war er in hochgeheimer Mission für die Regierung der Vereinigten Staaten tätig gewesen. So hatte er unter anderem an der Internationalen Schwerkraftexpedition des US-Departments der Navy im Jahre 1932 teilgenommen sowie an der ersten Tiefseeexpedition. Auch privat war Brown schier besessen von der Vorstellung, die Schwerkraft auszuhebeln. Er hatte an einem "Gravitator" gearbeitet und einen Apparat konstruiert, der nachweislich mehr als sein eigenes Gewicht heben konnte! (1)

Brown war darüber hinaus persönlich davon überzeugt, durch seine Arbeit den Beweis für die Möglichkeit der Existenz von UFOs erbringen zu können, ein Unterfangen, das jedoch in den Kreisen der etablierten Physik auf heftige Widerstände stieß. Dennoch setzte er seine Anti-Schwerkraft-Untersuchungen unbeirrt fort. Er meldete zahlreiche Patente an, erforschte die Elektrizität von verschiedenen Gesteinen und entwickelte schließlich fliegende Metallscheiben, die er persönlich der NASA vorführte.

Die National Aeronautics and Space Administration (NASA), die Nationale Luft- und Raumfahrtbehörde der USA, war von Haus aus toleranter gegenüber solchen Experimenten, bestand (und besteht) ihre Vision (und Mission) doch darin, "das Leben hier zu verbessern, das Leben nach draußen auszudehnen und Leben da draußen zu finden." (2) Es ging ihr mit anderen Worten darum, Planet Erde besser zu verstehen, das Universum zu erforschen und nach Leben auf anderen Planeten zu suchen – ein offizielles Unternehmen, das mit Milliarden von Dollar jährlich von der Regierung der Vereinigten Staaten von Amerika gefördert wurde und wird. Die NASA-Mannschaft bestand und besteht selbst aus Träumern und Ingenieuren, sie arbeitet im Moment hart daran, eine ständig besetzte Basisstation auf dem Mond zu etablieren und die ersten Menschen zum Mars zu senden. Neue, revolutionäre Techniken sind nicht etwas, das im Rahmen der NASA mit Spott und Hohn bedacht wird, Erfindern und Forschern wird im Gegenteil applaudiert. Und so führte Brown den brennend interessierten NASA-Ingenieuren auch seine fliegenden Metallscheiben vor.

Immerhin hatten Biefeld-Brown bereits den nach ihnen benannten *Biefeld-Brown-Effekt* entdeckt - ein physikalischer Effekt, bei dem eine größere und eine kleinere Platte eine Rolle spielten. Hierbei war erstmals nachgewiesen worden, dass sich eine Schubkraft in Richtung der kleineren Platte eines mit Hochspannung aufgeladenen *Kondensators* entwickeln ließ. Ein Kondensator ist ein Bauelement, mit dem sich elektrische Ladung und die damit im Zusammenhang stehende Energie speichern lässt.

Aber nach all diesen Vorarbeiten wurde es erst jetzt richtig spannend.

FASZINIERENDE EXPERIMENTE

Das grundlegende Experiment, das die beiden Physiker angestellt hatten, war leicht nachvollziehbar: Am Anfang existierten nur zwei Kondensatorplatten, die mit (Hochspannungs-)Elektrizität dazu gebracht wurden zu fliegen - wegzufliegen tatsächlich. Dieses Experiment ging ehemals durch die Weltpresse. Eine Weile standen die Schulphysiker Kopf, denn erneut war hier etwas geschehen, was es “eigentlich” nicht geben durfte. Mit diesem Grundlagenversuch konnten die beiden Erfinder jedoch ohne

Wenn und Aber nachweisen, dass die Gravitation, sprich die Schwerkraft der Materie, grundsätzlich aufgehoben werden konnte. Die moderne Physik verfügt nebenbei bemerkt bis heute für dieses Experiment über keine Erklärung, sie steht vor einem vollkommenen Rätsel.

Die beiden Physiker trieben in der Folge ihre Versuche so weit voran, dass sie zuletzt sogar bereits kleine Flugmodelle konstruierten, die fliegenden Untertassen nicht unähnlich waren. Die Untertasse repräsentierte ihrer Meinung nach die ideale geometrische Form im Vergleich zu anderen möglichen Gestaltungen. Sie konnten diese Flugkörper blitzschnell jede Position im Raum einnehmen lassen, was mit den heutigen, im Vergleich dazu primitiv wirkenden Flugkörpern technisch nicht denkbar ist. Auch die Beschleunigung dieser neuartigen Flugkörper war enorm, selbst modernste Flugtechniken konnten laut Beobachtern nicht mithalten.

Jedenfalls führte Brown die Experimente auch der NASA vor, aber bis heute ist unbekannt, inwieweit seine Neuerungen fortgeführt und weiterentwickelt wurden. Brown segnete in den 90er-Jahren das Zeitliche.

JOHN SEARL

In die gleiche Kerbe schlug fast zeitgleich auch John Joy Robert Searl (geb. 1932), ein englischer Forscher, der sich ebenfalls mit antigravitativen Experimenten beschäftigte. Searl hatte sich zuvor intensiv mit Elektromotoren auseinandergesetzt und wandte sich eines Tages dem Studium und der Herstellung verschiedener Magneten zu. Er entwickelte den sogenannten *Searl Effect Generator* (SEG), der seinen Verlautbarungen zufolge ebenfalls die Schwerkraft aufheben konnte. Er nahm an, dass sich Elektronen in rotierenden Metallköpern aufgrund ihrer Massenträgheit zur Peripherie bewegen. Immer wieder experimentierte er mit allen möglichen Arten von Magneten, auch Permanentmagneten, sowie mit verschiedenen Materialkombinationen im Zusammenhang mit seinem Generator. Zusätzlich beschäftigte er sich mit dem Funk und mit elektronischen Steuersystemen für Flugzeuge und baute Ende der 70er-Jahre rund 40 SEG-Modelle. Schließlich behauptete er, er habe das Problem der Antigravitation endgültig gelöst.

Im Jahre 1981 bahnte sich mit dem etablierten, lokalen Energieunternehmen (in England) ein Konflikt an, weil er angeblich über viele Jahre hinweg sein Haus mit der Energie aus seinem *Searl Effect Generator* selbst versorgt hatte. In der Folge wurde sein Haus niedergebrannt, sämtliche Unterlagen und Dokumente, die seine Erfindung anbetrafen, gingen verloren. Der Brandstifter wurde nie aufgespürt. Searl aber behauptete nach wie vor, einen "Antigrav-Effekt" mit seinem Generator hervorrufen zu können. Er gab öffentlich kund, einmal sogar ein Modell gebaut zu haben, das eigenständig rotieren und dessen Geschwindigkeit sich selbsttätig steigern konnte. Schließlich habe es sich in die Luft erhoben und sei durch die Zimmerdecke und sogar durch das Dach gerast.

Der Tüftler arbeitete eng zusammen mit Gunnar Sandberg (einem Absolventen des *Institutes für Ingenieurs- und Angewandte Wissenschaften* in Sussex, Südengland) und gründete in der Folge zudem ein eigenes Unternehmen, um seine Erfindung weiterzuentwickeln und zu vermarkten. Er experimentierte immer wieder mit unterschiedlichen Magneten, verschiedenen Magnetformen, magnetischen Walzen und unter anderem mit den Elementen Aluminium, Schwefel und Eisen. Intensiv arbeitete er an den Selbstbeschleunigungseffekten seines Apparates, nutzte elektromagnetische Felder und veränderte und verbesserte andere Details seines Generators ständig.

Searl behauptete, nur eine von der Alltagslogik völlig verschiedene Denkweise ("a total different thinking") könne den "Antigrav-Effekt" ermöglichen ...

Die Opposition jedoch war immens. Immerhin muss man zugunsten der Kritiker einräumen, dass bis heute kein einziger Augenzeuge aufgetan werden konnte, der Searls Generator je in Funktion gesehen hat. Selbst das BBC stand eines Tages vergebens vor seiner Tür. Während Searls Arbeiten weniger nachvollziehbar sind als die Ansätze von Biefeld/Brown, die man unmöglich als unseriöse Phantasten abtun kann, so lassen sich jedoch auch die Behauptungen des englischen Tüftlers nicht ganz vom Tisch wischen.

Es ist, wie schon erwähnt, richtig, dass es im bunten Reigen der Erfinder auch zahlreiche Traumtänzer und Scharlatane gibt, nicht anders als im Rahmen der "seriösen" Wissenschaftler, die bei Licht betrachtet nichts anderes vertreten als die Meinung des Establishments, dessen personelle Zusammensetzung sich jedoch spätestens nach einer Generation wieder verändert, wodurch unversehens neue Ansichten plötzlich offiziell "zugelassen" werden. Selbst die Geschichte der "anerkannten" Wissenschaft ist nichts anderes als eine ständige Abfolge von Glaubensbehauptungen, Irrwegen, neuen Annahmen und kontinuierlichen Korrekturen.

Jedenfalls wurde von den Nachfolgern, Jüngern und Verteidigern Searls erneut auf die Elektrogravitation verwiesen. Man kolportierte, er habe mit der Koppelung elektromagnetischer Felder experimentiert, die er an die Gravitation "anzuschließen" versucht habe, was zumindest einen interessanten Denkansatz liefert.

Searl entwickelte schlussendlich, basierend auf speziellen Magneten- zumindest laut den Aussagen seiner Anhänger –, einen rotierenden UFO-ähnlichen Flugkörper, der ab einer bestimmten kritischen Drehzahl in die Höhe schoss und mit hoher Geschwindigkeit davonfliegen konnte.

Das aber führt uns zu einem ganz anderen Thema, einem ebenso aufregenden Thema: zu dem der UFOs, der *unidentified flying objects,* der unidentifizierten Flugobjekte, die uns ebenfalls eine Betrachtung wert sein sollten.

KRIEG DER WELTEN – ODER: DIE UFO-DEBATTE

Zwei Lager stehen sich unbeweglich und starr einander gegenüber, die sich wohl noch eine Weile bekämpfen werden: die UFO-Befürworter und die UFO-Gegner. Es herrscht Krieg, ein erbitterter Krieg. Akademische, militärische und privat finanzierte Untersuchungskommissionen widersprechen sich bis heute vehement, wenn es um die *unidentified flying objects* geht.

Die Abkürzung UFO wurde von dem *Air Technical Intelligence Center* der US-Luftwaffe Anfang der 1950er-Jahre geprägt. Es handelt sich bei einem UFO per militärischer Definition um "ein bewegendes, fliegendes Objekt, das durch seine Manöver, aerodynamischen Charakteristika oder unüblichen Merkmale mit keinerlei gegenwärtig bekanntem Fluggerät oder Raketentyp übereinstimmt oder das in keiner Weise als vertrautes Objekt identifiziert werden kann". Umgangssprachlich bezeichnet man UFOs gerne als "fliegende Untertassen" und führt ihre Existenz auf Außerirdische und ihre (technisch weit überlegenen) Raumschiffe zurück. Eine eigene Untersuchungskommission der US-Luftwaffe mit den Namen *Project Blue Book* erblickte schließlich in den Jahren 1951 bis 1953 das Licht der Welt, um dem Phänomen endgültig auf die Spur zu kommen und um zu entscheiden, ob es UFOs gibt oder nicht gibt. Natürlich dachte man im Rahmen des US-Militärs auch daran, frühzeitig in Erfahrung zu bringen, ob die damalige UdSSR nicht bereits heimlich neue Flugzeuge und Waffen entwickelt hatte, die den Vereinigten Staaten von Amerika gefährlich werden konnten. Die Kommunistenfurcht der US-Politiker hatte zu jenem Zeitpunkt gerade ihren Höhepunkt erreicht. Und so wurden zahlreiche Untersuchungen durchgeführt, auch in England, Frankreich, den Niederlanden, Mexiko und Uruguay etwa, um den UFOs auf die Schliche zu kommen.

Historiker machen in diesem Zusammenhang darauf aufmerksam, dass UFOs bereits im Altertum und Mittelalter gesichtet worden waren, die man vormals freilich als Erscheinungen von Gottheiten interpretiert hatte. Und so viel ist richtig: Im alten Ägypten hatte man bereits "Kreise von Feuer" am Himmel gesichtet (rund 1400 vor Christus), in Indien berichteten heilige Bücher über Raumschiffe und Strahlenwaffen und im alten Rom waren "Dinge wie Schiffe" am Firmament (ca. 100 v. Christus) gesehen worden. In der Bibel, im Alten Testament (ca. 1000 bis 100 v. Chr.), fanden sich überdies zahlreiche Stellen, die von Erscheinungen berichteten, die man mit ein wenig gutem Willen als Flugkörper oder zumindest als unbekannte Energien interpretieren konnte.

In der Neuzeit nahmen die Berichte über UFOs überproportional zu. In der Schweiz etwa wurde im 16. Jahrhundert von "schwarzen Kugeln am Himmel" berichtet, und im 19. Jahrhundert in England sprach man von "großen runden Scheiben". Im 20. Jahrhundert brach eine wahre UFO-Manie über die Menschheit herein. Überall wurden plötzlich UFOs gesichtet, in Schweden, in den USA, in England, Frankreich, Deutschland, Mexiko, Italien und so weiter. Hochoffizielle Untersuchungen wurden anberaumt, in verschiedenen Ländern, das *Project Blue Book* in den USA war freilich das spektakulärste. Und, man höre und staune, von 1952 bis 1969 wurden 701 UFOs in den Vereinigten Staaten beobachtet, von hochoffizieller Seite, im Rahmen eben dieses *Projects Blue Book*, die absolut unerklärlich waren!

Natürlich ließen die Gegenstimmen nicht lange auf sich warten. Die UFO-Gegner knirschten mit den Zähnen und sprachen von Luft- und Himmelsphänomenen, die absolut normal seien, von Bewegungen der Planeten, von Heißluftballons, Stratosphärenballons der Wetterexperten, Reflexionen von Skybeams, Positionslichtern von Flugzeugen, neuen Flugzeugtechnologien und -typen, die verschiedene Staaten gerade entwickelten, Flugdrohnen neuartigen Designs, Wolkenerscheinungen, Kugelblitzen, Meteoren und optischen Täuschungen. Aber die Zahl der Beobachter war einfach überwältigend: Rund 10 Prozent der US-Bevölkerung behauptete, bereits ein UFO gesehen zu haben, und schließlich waren auch die Fachleute des *Projects Blue Book* keine Tagträumer. Experten fanden außerdem heraus, dass der Glaube an die Existenz von UFOs sowie außerirdisches Leben besonders bei Personen mit höherer Bildung anzutreffen war, die zudem mit absoluter Sicherheit keine neurotischen Neigungen besaßen. Und tatsächlich sprachen die Fakten für sich selbst.

MATHEMATISCHE WAHRSCHEINLICHKEITEN

Unsere Erde ist ein winziger Planet am Rande unserer Galaxis. In einer einzigen Galaxie existieren jedoch rund 100 Milliarden Sterne, darüber hinaus gibt es etwa 100 Milliarden Galaxien in diesem Universum. Insgesamt sprechen wir hier von rund 10 Trilliarden Sternen. Die Annahme, dass nur auf der Erde intelligentes Leben existiert, ist angesichts dieser Zahl unwahrscheinlich, ja unendlich arrogant und eigentlich nur vergleichbar mit der Hybris der Priester im finsteren Mittelalter, die die Erde in den Mittelpunkt des Kosmos rückten.

Man rechnet damit, spätestens im Jahre 2020 Planeten zu entdecken, deren physikalisch-chemische Beschaffenheit den Zuständen auf der Erde ähnelt. Längst wurden auf Meteoriten Spuren bakteriellen Lebens gefunden und auf Jupitermonden Wasser, Voraussetzung für Leben mithin. Aber mehr als ein Gedankenexperiment beweist, dass wir uns nicht einmal notwendigerweise in menschlich-biologischen Denkkategorien bewegen müssen. Denn wer sagt denn, dass es nicht vielleicht Organismen gibt, die ohne Sauerstoff und Wasserstoff auskommen und nicht giftiges Gas als Nahrung zu sich nehmen? Und wer sagt eigentlich, dass ein Wesen nur innerhalb eines Körpers überleben kann und dass es nicht ein Reich der Geister gibt? Wer also kann schließlich und endlich schon mit absoluter Sicherheit behaupten, dass keine Außerirdischen je Planet Erde besucht haben? (3)

VORLÄUFIGES URTEIL

Die Vorstellung, dass wir allein im Weltall leben und hier die einzige Intelligenz sind, ist kurz gesagt eine mathematische Unwahrscheinlichkeit. Dass es außerirdische Intelligenzen mit Superflugmaschinen gibt, ist seit dem *Project Blue Book* geradezu bewiesen, wenn man auch nicht glauben darf, je die Gegner der UFO-Theorie überzeugen zu können. Die größte offizielle Dokumentation über UFOs machte trotzdem vielen Opponenten einen Strich durch die Rechnung. Zudem wurde hinter vorgehaltener Hand kolportiert, dass der weltbekannte Regisseur Steven Spielberg bei der Produktion seines Filmes *ET - der Außerirdische* bei der NASA Einblick in geheime Unterlagen erhalten habe, die über die Bergung eines abgestürzten, außerirdischen Flugobjektes mit Insassen genaue Auskunft gegeben hätten.

Wir halten von solchen Märchen wenig, aber von wirklicher Bedeutung ist folgende Überlegung: Was die Energiefrage angeht, so darf man theoretisieren, dass UFOs bei den ungeheuren Raumdistanzen, die überbrückt werden müssen, notwendigerweise über einen Raumenergieumwandler verfügen müssen, jedenfalls über eine uns völlig unbekannte Antriebskraft. Es ist nicht auszuschließen, dass sie sich der freien Tachyonen im luftleeren Weltraum bedienen. Es ist weiter nicht auszuschließen, dass die Elektrogravitation dabei eine Rolle spielt. Und endlich muss es erlaubt sein, zu mutmaßen und zu spekulieren, dass freie Tachyonen in eben diese Energieform umgewandelt und hierdurch vielleicht Antriebsaggregate gespeist werden können.

Fest steht, mit unseren herkömmlichen Energiequellen kann die Raumfahrt allenfalls Trippelschritte gehen, ja vielleicht ist sie sogar zum Versagen verdammt. Die Entwicklung einer neuen Energie ist eine schiere Notwendigkeit. Erst dann können diese unvorstellbaren Entfernungen überbrückt werden, die die Raumfahrt einfordert. In diese Richtung zu denken, vorzudenken und nachzudenken, kann also nur richtig sein.

Warum sollte man in diesem Sinne nicht auch über UFOs nachsinnen dürfen und damit über völlig neue Antriebssysteme? Wer besteht eigentlich darauf, dass wir uns ständig im Kreis bewegen müssen wie ein Hamster in einem Schwungrad?

NOCH EINMAL: DIE ELEKTROGRAVITATION

Insgesamt existieren weltweit bereits knapp ein Dutzend verschiedene Antigravitationsmodelle, die alle unterschiedlicher Natur sind. Keines ist unseres Wissens bereits einsatzbereit und könnte in Serienproduktion gehen. Der Gedanke ist nicht mehr aus den Köpfen zu verbannen, zu viele Physiker und Ingenieure beschäftigen sich bereits mit den entsprechenden Theorien und Geräten.

Wir besuchten einige Erfinder und Forscher, die in dieser Richtung tätig sind, persönlich. So waren wir beispielsweise Augenzeugen bei der Vorführung eines Antigrav-Modells, das anlässlich des dritten ungarischen psychotronischen Kongresses in Budapest im Jahre 1991 vorgestellt wurde. Eine ganze Gruppe von Physikern, Wissenschaftlern und Technikern begutachtete zusammen mit uns das Modell, dessen Entwicklung aber ebenfalls noch in den Kinderschuhen steckte, auch wenn die Ansätze vielversprechend waren.

Nach wie vor ist die Gravitation mit Fragen und Geheimnissen umwoben. Es ist nicht auszuschließen, dass sie vielleicht auf eine ganz andere Art und Weise zustande kommt, als wir bislang angenommen haben. Möglicherweise müssen wir erneut "out of the box" denken und unorthodoxe Wege beschreiten, was diese Kraft angeht. Wir müssen es uns jedenfalls endlich selbst erlauben, unbefangen neue Theorien aufzustellen, bohrende Fragen zu stellen und andere Ansätze zu verfolgen.

Es gilt mit anderen Worten, ein vollständig neues Gebiet zu erschließen, zu dem ganz seriös auch das Thema der "fliegenden Untertassen" gehört, selbst wenn die Meinungen hier heftig aufeinanderprallen und vieles Humbug sein mag.

Aber man muss zumindest theoretisieren dürfen, dass ohne die Existenz freier oder gebundener Tachyonen das dynamische Energiespektrum der Elektrogravitation völlig unerklärbar bleibt. Unseres Erachtens muss man geradezu von einer solchen Kraft ausgehen, denn auch sie macht verschiedene Phänomene erst verständlich.

Und so sind wir dafür, alte Zöpfe endgültig abzuschneiden und auch die Idee der Elektrogravitation endlich einmal "offiziell" zuzulassen und diese Energieform in die ernsthafte Diskussion zu heben. Diese Diskussion gestaltet sich unmittelbar "handfest" und realistisch, wenn wir nun unser Gerät vorstellen, mit dessen Hilfe sich Raumenergie "einfangen" und umwandeln lässt und mit dem man ohne Wenn und Aber konkrete, nachvollziehbare Ergebnisse erzielen kann.

- 10 -

Abenteuer Forschung - oder: Die Entwicklung des Aquapol-Gerätes

Wir haben inzwischen eine Menge Theorie schlucken und verdauen müssen und dabei die Praxis ein wenig vernachlässigt, die doch letztlich die einzige, unbestechliche Richterin über eine Theorie ist. Theorien sind wohlfeil zu haben, aber die Praxis lässt sich nicht manipulieren, jedenfalls nicht auf Dauer.

Immer wieder haben wir zwischen den Zeilen angedeutet, dass sich unsere "wilden" oder unorthodoxen Theorien an der Praxis orientieren, konkret an einem bestimmten *Gerät*.

Nun war jedoch die Entwicklung eben dieses Gerätes ein Forschungsabenteuer, wie man es sich spannender nicht vorstellen kann. Es kostete Nerven und Überlegungen, beinhaltete Rückschläge und Etappensiege, Niederlagen und Applaus, wie das wahrscheinlich bei allen Forschungen, die in die Praxis einmünden, der Fall ist. Tatsächlich gingen wir anfänglich nicht einmal von verschiedenen neu zu definierenden Kräften und Energieformen aus. Ein Ingenieur fühlt sich zunächst nur brav, artig und gehorsam der Schulphysik verpflichtet, deren Lehren längst in Stein und Eisen gehauen sind und an denen man nicht rütteln darf. Stellt man ihre Grundsätze infrage, so kommt das einer Majestätsbeleidigung der momentanen Physikautoritäten gleich. Wir standen also vor dem Problem, entweder etwas zu entwickeln, das funktionierte - womit wir jedoch gleichzeitig auf althergebrachte, liebgewordene physikalische Überzeugungen verzichten mussten -, oder uns vor den Physikkoryphäen unserer Tage bis zum Boden zu verneigen, demütig mit der Stirn gegen den Boden zu hämmern und nichts zustande zu bringen.

Sie können sich vorstellen, welchen Weg wir einschlugen.

Das Abenteuer Forschung gestaltete sich jedenfalls aufregend, tatsächlich mehr als aufregend, und es soll an dieser Stelle zumindest ansatzweise geschildert werden.

Grundsätzlich lehrte uns ein mehrjähriges Ingenieurstudium, dass mit der herkömmlichen Physik viele Phänomene einfach nicht zu erklären waren. Die Energiephysik befand sich offenbar in eine Sackgasse. Es lag deshalb in gewissem Sinne auf der Hand, sich der Erforschung alternativer Energien zu widmen, gerade weil sie ein so stiefmütterliches Dasein führten. Das Ziel bestand relativ früh darin, eine dieser neuen, alternativen Energien zu zähmen. Es stand von Anfang an außer Frage, dass man dafür vollständig neue Wege beschreiten musste.

Zunächst tätigten wir einige Erfindungen am Rande, bis sich eines Tages abzeichnete, dass die "Raumenergie", wie sie heute im allgemeinen Sprachgebrauch genannt wird, beträchtliche Anwendungsmöglichkeiten bot - falls man sie wirklich bändigen konnte. Eine davon bestand darin, Wasser intelligent zu manipulieren und beispielsweise feuchte Mauern mit ihrer Hilfe trockenzulegen. Feuchte Mauern zerstörten Gebäude, sie ruinierten Häuser, hier bestand ein konkreter Bedarf.

Nach zahlreichen Experimenten, die begründete Hoffnungen zuließen, auf diesem Feld etwas völlig Neuartiges leisten zu können, gründeten wir ein Unternehmen mit dem Namen *Aquapol.* Das Wort *Aquapol* ist ein Kunstwort, das sich aus dem lateinischen

Begriff *aqua* (= *Wasser)* und dem Ausdruck *pol* (= eine Abkürzung für *Polarisation)* zusammensetzt. *Polarisation* bedeutet im physikalischen Sinne die *räumliche Ausrichtung des Dipols eines Moleküls - durch die Einwirkung eines Kraftfeldes.* Ein *Dipol* bezeichnet die Anordnung von zwei gleich großen, einander entgegengesetzten magnetischen Polen oder elektrischen Ladungen. Der Wortstamm *Pol* geht auf den griechischen Begriff *polos* zurück, was so viel wie *Drehpunkt, Achse* oder *Erdpol* bedeutet.

Aber im Prinzip brauchen wir im Moment all diese physikalischen Definitionen noch nicht. *Aquapol* bezeichnete und bezeichnet einfach ein Unternehmen und eine Technologie, welche bestimmte Kraftfelder benutzt, die eine Umorientierung oder Umpolung des Wassers bewirken. Feuchtigkeit in ruhenden kapillaren Systemen (= in einem Mauerwerk, im Erdreich und so fort) kann damit der Garaus gemacht werden. Theoretisch und praktisch kann man umgekehrt jedoch auch eine Wüste zum Beispiel bewässern. Aber bleiben wir zunächst bei der Entfeuchtung. Relativ einfach und jedenfalls sehr konkret ausgedrückt gelang uns dies: Mit der Aquapol-Technologie kann man Mauern trockenlegen, mittels einer völlig neuartigen Methode.

Das Unternehmen wurde im Jahre 1985 in Österreich gegründet, im gleichen Jahr wurde das Aquapol-Patent angemeldet. Vorausgegangen waren bereits intensivste Jahre der Forschung und des Experimentierens. Schon die ersten Ergebnisse waren vielversprechend und gaben zu den größten Hoffnungen Anlass, wenn auch lange noch nicht das Niveau erreicht wurde, das uns vorschwebte und das heute erreichbar ist. Im Jahre 1983 erblickte das Aquapol-Gerät der ersten Generation das Licht der Welt. Die Aufgabe selbst war eine intellektuelle Herkulesarbeit, denn wir hatten es mit rund 500 Puzzleteilen zu tun, aus denen wir schlussendlich das richtige Bild zusammensetzen mussten. Es handelte sich um eine Gleichung mit zahlreichen Unbekannten. Von diesen 500 Teilen standen anfänglich bestenfalls zehn Teile zur Verfügung. Aber im Nachhinein stellte sich heraus, dass selbst von diesen zehn Teilen nur acht Teile "richtig" waren, sprich auf korrekten Annahmen beruhten. Zwei Teile mussten zu einem späteren Zeitpunkt durch vollständig neue Konzepte ersetzt werden. Man muss sich also wirklich vor Augen halten: Wir starteten mit knapp acht richtigen und zwei falschen Ideen und Vorstellungen, während das Gros der Teile vollständig unbekannt war.

Zu den richtigen Puzzleteilen gehörten unter anderem Luftspulen- und Antennen-Konstruktionen, einige Erkenntnisse der Radiästhesie (zur Erinnerung: die Lehre von Strahlenwirkungen auf Organismen), die Frequenz des atomaren Wasserstoffs, die Nord-Süd-Ausrichtung bei der Montage des Aquapol-Gerätes sowie die Annahme, dass der Erdkern wahrscheinlich aus Wasserstoff besteht. Schon das waren verhältnismäßig kühne und jedenfalls unorthodoxe Voraussetzungen, die im Grunde genommen keineswegs dafür geeignet waren, eine handfeste Erfindung auf die Beine zu stellen.

Noch einmal: Wir nahmen als These an, dass der Kern der Erde, wie der Kern des Saturns und des Jupiters, aus (metallischem) Wasserstoff besteht. Bei dieser Annahme stand Tesla Pate, der sehr viel früher schon in die gleiche Richtung spekuliert hatte. Da die Erde in den äußeren Schichten fest und massiv ist, im Gegensatz zum Saturn und Jupiter, konnte (und kann man bis heute!) nicht mit letzter Sicherheit die Zusammensetzung des Erdkerns bestimmen. Das heißt, während sich eine Wasserstoffschicht leicht durchdringen und ohne Probleme messen lässt, so ist das bei den Gesteinsschichten der Erde nicht der Fall. Das Unternehmen ist mithin weit schwieriger, ja momentan sogar unmöglich. Aber schon Tesla hatte, wie gesagt, Wasserstoff im Erdkern vermutet, doch seine Meinung war längst untergegangen im Krieg der modernen Physikautoritäten. Von Anfang an ließen wir also unorthodoxe und "ketzerische" Annahmen gelten oder zogen sie zumindest in Betracht.

Ein weiterer Ausgangspunkt bestand in einer konkreten Vision: Unser Ehrgeiz bestand darin, ein komplett verschleißfreies Gerät zu bauen, dass ohne Stromzufuhr Mauern trockenlegen kann. Scheinbar ein Perpetuum mobile, wenn man so will, obwohl wir natürlich bereits die Raumenergie im Auge hatten.

Da standen wir also - mit einem bloßen Postulat, einer nackten Idee, acht Richtigen im Lotto, zwei Falschen und 490 Unbekannten.

Zu den falschen Teilen im Puzzle gehörte, dass das Aquapol-Gerät *elektromagnetisch* funktionieren müsse, sprich: dass der Wasserstoffkern der Erde eine elektromagnetische Strahlung abgebe, die unser Gerät in der Folge auffangen und verwenden sollte. Noch hatten wir unseren Erfinderkrimi nicht so ausgeklügelt, dass wir auf neue Energieformen, auf die Elektrogravitation und den Gravomagnetismus aufmerksam geworden waren. Auch das Wesen der Raumenergie, wie wir es an früherer Stelle vorgestellt haben, war noch nicht einmal thesenhaft ausformuliert. Wir bewegten uns also im luftleeren Raum.

Bis zum Jahre 1985 entdeckten wir während dieser Experimentierphase einige weitere passende Puzzleteile und erzielten verschiedene praktische Teilerfolge. Schließlich gelang es uns, ein Aquapol-Gerät mit besserer Tiefenwirkung zu entwickeln.

Doch noch immer befanden wir uns inmitten eines Haufens wilder, unausgegorener Theorien und Vermutungen, denn einige Geräte, die wir bereits zum Einsatz brachten, zeigten nicht die erhofften Resultate. Wir erzielten zwar einige respektable Zufallsergebnisse, aber unser Gerät war ganz offensichtlich noch nicht ausgereift.

Etwas war falsch, grundfalsch. Aber wo lag der Hase im Pfeffer?

Der nächste größere technische Durchbruch gelang uns im Jahre 1988. Der physikalische Effekt der Entfeuchtung (= wir tauften das Phänomen Magnetokinese) wurde entdeckt, benannt und sehr viel genauer definiert. Im gleichen Jahr wurde Aquapol Ungarn gegründet. Weiter wurden unsere Antennen verbessert und auf ein neues Niveau gehoben. Messverfahren wurden verändert und korrigiert. Bis zu diesem Zeitpunkt waren noch alle Aquapol-Geräte radiästhetisch abgestimmt, sprich der subjektive Faktor war enorm, was mit einer hohen Fehlerquote bezahlt werden musste. Wir brauchten also bessere Messverfahren. Neugierig fragten wir an bei der Technischen Universität und bei der Höheren Technischen Bundeslehranstalt in Wien sowie beim Forschungszentrum Seibersdorf, eine renommierte außeruniversitäre Forschungseinrichtung in der Hauptstadt Österreichs. Wir brauchten dringendst ein geeignetes Messgerät. Aber überall wurde uns abschlägig Bescheid gegeben. Unsere Vorstellungen wurden mehr als einmal als "realitätsfern" bezeichnet, ja, man mokierte sich sogar über uns.

Ein Tiefschlag in die Magengrube. Doch wie sagte schon Mahatma Gandhi, dem es immerhin gelang, eine Weltmacht zu besiegen - allein mit den Mitteln der Gewaltlosigkeit? Erst wird man ignoriert, dann verlacht, dann bekämpft - und dann hat man gewonnen! Also gaben wir nicht auf. Erneut mussten wir selbst die Ärmel aufkrempeln. Ein Messtechniker Aquapols, Dipl. Berger, entwickelte mit uns zusammen schließlich das erste elektronische Messverfahren, das die radiästhetischen Antennenabstimmungen ersetzte und den subjektiven Faktor völlig ausschloss.

Aber für eben diese neue Messtechnik benötigten wir teure Geräte, die wir zu Beginn nur ausleihen konnten, mehr gab der Geldbeutel nicht her. Schmalhans war Küchenmeister. Also suchten wir schließlich in Ungarn nach einer Lösung. Wir machten uns auf die Socken und taten nach einiger Zeit zwei wirkliche Spezialisten auf. Innerhalb weniger Monate gelang es diesen beiden Mikrowellenspezialisten, ein neues Messgerät zu entwickeln, welches exakt unseren Anforderungen entsprach. Später verbesserten und verfeinerten wir dieses Messgerät, so dass uns schließlich eine Methode zur Verfügung stand, die es uns erlaubte, nicht nur recht und schlecht herumzuraten, was es mit den verschiedenen Energien auf sich hat, denen wir auf der Spur waren.

Praxis, Praxis, Praxis, das war alles, was uns interessierte. Nachvollziehbare Praxis, Resultate.

Unsere Erfolgsquote erhöhte sich schlagartig. Innerhalb kürzester Zeit konnten wir bereits auf einige hundert erfolgreich trockengelegte Objekte zurückblicken. Die Anzahl der Puzzleteile, die es zusammenzusetzen galt, war zwar immer noch erschreckend hoch, aber immerhin hatten wir einen großen Schritt in die richtige Richtung getan. Viele kleinere Teile des Puzzles wurden nun nach und nach entdeckt, so dass unser Gerät immer besser funktionierte. Zahlreiche Prototypen erblickten das Licht der Welt, die immer erstaunlichere Resultate zeitigten.

Aber noch waren wir nicht bei 100 Prozent angelangt, wenn man auch längst nicht mehr in Abrede stellen konnte, dass es uns tatsächlich gelungen war, eine neue Energiequelle anzuzapfen. Immer noch existierten eine ganze Anzahl Unbekannter in der Gleichung, zu viele Fragen waren unbeantwortet. Damit im Zusammenhang standen immer kompliziertere technische Probleme. Bei einigen Häusern versagte unser Gerät vollständig. Die Folge waren Rückzahlungen, die wir leisten mussten, was das ohnehin schmale Forschungsbudget noch weiter zusammenschrumpfen ließ.

Schließlich lagerten wir die Grundlagenforschung im Jahre 1991 nach Ungarn aus. Außerdem begannen wir, die alternative Literatur über Energie systematisch zu studieren und die "ketzerischen" Behauptungen zu überprüfen. Die Widersprüche der elektromagnetischen Theorie traten immer deutlicher zu Tage. Außerdem häufte sich plötzlich die Anzahl der "unlösbaren Objekte", die wir mit unserem Gerät nicht trockenlegen konnten. Dadurch stiegen die Servicekosten schier ins Unendliche. Nur der großen Geduld einiger Kunden und unserem hartnäckigen Service-, Mitarbeiter- und Materialeinsatz ist es zu verdanken, dass wir diese schwierige Zeit überstanden.

Die große Wende kam mit dem ersten ungarischen psychotronischen Kongress im April 1991. Die Erforschung und Nutzung der “Freien Energie”, das heißt der “Raumenergie” des Universums, stand erneut auf dem Programm. Während eines Vortrages von Dr. Inomata und eines Films über seine N-Maschine, wie er sie getauft hatte, war es glasklar: Diese Raumenergie, deren Existenz bereits Tesla angenommen hatte, gab es unzweifelhaft, aber wir befanden uns, was die energietechnische Seite des Aquapol-Gerätes anging, einfach auf dem falschen Dampfer.

Höchst intensiv betrieben wir nun erneut “grenzwissenschaftliche” Literaturstudien, tatsächlich so intensiv wie nie. Die Mechanismen der Raumenergie mussten auf das Aquapol-Gerät übertragen werden können. Hinweise gab es zuhauf, jedoch stießen wir auch auf immer mehr Halbwahrheiten und gegensätzliche Aussagen in der einschlägigen Literatur. Und schlimmer: Nichts passte so richtig zu unserem Aquapol-Gerät. Dennoch trieben wir die Forschungen unbeirrt weiter voran.

Mitte 1999 zogen wir uns nahezu wie ein Asket zurück und lebten wie in einem Elfenbeinturm. Die Grundlagenforschung musste auf ein gänzlich neues, auf ein solideres Fundament gestellt werden, es gab keine andere Alternative. Wir befanden uns in einem Wettlauf mit der Zeit, es ging um Sein und Nichtsein, alles stand auf dem Spiel. Gott sei Dank zogen Mitarbeiter und Familie alle an einem Strang, so dass wir uns vollständig der Forschung zuwenden konnten. Und so begann das eigentliche Forschungsabenteuer in diese *terra incognita*, in Richtung der weißen, unerforschten Flecken auf der Landkarte der Energie. Und eines Tages fügte sich ein Puzzleteil nach dem anderen ein. Während einer bestimmten Periode wurden wir jeden Tag von neuen Erkenntnissen förmlich überschwemmt. Plötzlich hatten wir die Gewissheit, dass die Kinderkrankheiten unseres Gerätes ausgemerzt werden konnten.

Aber dennoch musste zunächst erneut die Praxis befragt werden. Also begannen wir, nun systematisch die Störfälle ins Visier zu nehmen, sprich jene Fälle, bei denen unser Gerät versagt hatte. Es existierten insgesamt einige hundert solcher Fälle. Zuerst erfassten wir die Störfälle in Niederösterreich statistisch auf der Landkarte. Was war wo faul im Staate? Wir unterteilten die Störfälle in drei Gruppen, die wir mit verschiedenfarbigen Stecknadeln auf der Karte markierten.

Zur ersten Kategorie gehörten Objekte, die wir fast trockengelegt hatten, aber eben nur fast.

Die zweite Gruppe befasste sich mit Fällen, bei denen der Feuchtespiegel im Mauerwerk etwa auf die Hälfte abgesenkt worden war, aber mindestens schon ein Jahr lang stagnierte. Es handelte sich also nur um Teilerfolge, mit denen wir kaum zufrieden sein konnten.

Die dritte Kategorie betraf Fälle, bei denen der Feuchtespiegel im Mauerwerk von Anfang an nahezu keinerlei Veränderung erfahren hatte, wo er sogar teilweise angestiegen war, trotz mehrmaligen Gerätestandortwechsels und Geräteaustauschs.

Nach dieser mühseligen Stecknadelarbeit markierten wir anschließend noch mit einer vierten Farbe alle ORF-Sender. Der Österreichische Rundfunk (ORF) ist der größte Medienanbieter des Landes, mit Sitz in Wien. Er unterhält in jedem der neun österreichischen Bundesländer ein Landesstudio sowie seit 1975 ein weiteres Studio in Südtirol. Der ORF produziert vier Fernsehprogramme sowie verschiedene Radioprogramme.

Und siehe da, als wir den ORF ins Visier nahmen, wurden wir auf einmal fündig. Es wurde erneut hochspannend. Wir erkannten kristallklar, dass elektromagnetische Wellen unser Gerät nicht etwa in seiner Wirkung verstärkten, wie man theoretisch hätte annehmen können, sondern es sogar funktionsuntüchtig machten! In jenen Gebieten, wo sich die Störfälle statistisch häuften, befanden sich ausnahmslos ORF-Sender. Wir verglichen die elektromagnetischen Resonanzfrequenzen unserer Aquapol-Geräte mit den jeweiligen Sendefrequenzen des ORFs. In den meisten Fällen, wenn auch nicht in allen, stießen wir auf eine vollständige Übereinstimmung der beiden Frequenzen! In Herzogenburg

(Niederösterreich) befanden sich beispielsweise drei Gerätestandorte. Jedes Gerät hatte mit einer Störung zu kämpfen. Schließlich fanden wir zu unserer vollständigen Verblüffung heraus, dass die elektromagnetischen Resonanzfrequenzen zweier Aquapol-Geräte exakt dem Ton-Bild-Kanal von ORF1 entsprachen - einer Fernsehstation. Die dritte entsprach einer Funkfrequenz, die die EVN (Energieversorgung Niederösterreich) als Richtfunkfrequenz verwendete. Bingo! Wir hatten das Rätsel gelöst!

Jetzt galt es jedoch erst recht, die Ärmel aufzukrempeln. Je mehr Untersuchungen wir anstellten, umso klarer wurde das Bild. Damit lag aber gleichzeitig auch die Lösung auf der Hand. Es musste eine Möglichkeit geben, unsere Geräte elektromagnetisch zu entstören. Und so entwickelten wir in einigen Monaten hochkonzentrierter Arbeit eine Kombination aus Saugkreisen und Kurzschlussschleifen, die genau oberhalb der gestörten Aquapol-Geräte positioniert wurden. Nach einer Periode von rund sechs Monaten, so wussten wir, würden wir wissen, ob wir uns auf dem richtigen Weg befanden oder nicht.

Was war das Ergebnis? Nun, rund die Hälfte aller Problemfälle wurde mit dieser Entstörungstechnik geknackt. Also begannen wir nun, systematisch unser Aquapol-Gerät vor elektromagnetischen Einflüssen abzuschirmen - durch Alublech oder Alufolie. Als das erledigt war, verblieb nur noch ein Rest von rund 50 Prozent ungelöster Fälle. Ein großer Teil dieses Restes lösten wir zu einem späteren Zeitpunkt, konkret als wir erkannten, dass nicht nur eine rechtspolarisierte, gravomagnetische Bodenstrahlung existierte. Wieder konnten wir einen großen Teil der Störfälle eliminieren. Und so näherten wir uns zunehmend unseren angepeilten 100 Prozent.

Die wichtigste Erkenntnis zu diesem Zeitpunkt bestand darin, dass wir erkannten, wie grundfalsch die ausschließlich elektromagnetische Betrachtungsweise war. Sie schadete uns im Gegenteil sogar. Genau von diesem Punkt an ging es mit Siebenmeilenstiefeln voran. Der technische Servicedienst wurde sofort laufend über die neuesten Erkenntnisse informiert. In der Folge lief er unmittelbar zur Hochform auf, was die praktische Umsetzung betraf, das heißt, die Resultate verbesserten sich schlagartig.

Auf diese Weise eroberten wir ein Terrain nach dem anderen, wenn es in einigen wenigen Fällen auch noch einige Jahre dauerte, bis die Technik in der Praxis so ausgereift und erprobt war, dass jeder Störfall rasch behoben werden konnte.

Nach acht Jahren Forschungsarbeit, wovon die letzten anderthalb Jahre 1990-1992 besonders intensiv waren, passten die rund 500 Puzzleteile des Bildes so exakt zusammen, dass man das Aquapol-Gerät als das erste weltweit funktionierende Gerät bezeichnen durfte, das sich systematisch der "Raumenergie" bediente. Nur einige weniger wichtige Verbesserungen kamen später noch hinzu, die Korrekturen wurden ebenfalls von der Praxis diktiert.

Jedenfalls ging es ab 1993 nur noch steil bergauf. Einer unser Vertriebspartner gewann in Prag den ersten Architekturpreis aufgrund unseres Gerätes - unter mehr als 500 Teilnehmern.

1995 wurden wir mit weiteren hohen Auszeichnungen geehrt, die Götter meinten es gut mit uns. Schon im Jahre 2001 konnten wir 85 Mitarbeiter beschäftigen und verfügten über zahlreiche Partner in ganz Europa. 2004 kann als das Jahr der großen internationalen Expansion bezeichnet werden. Zahlreiche unabhängige wissenschaftliche Studien wurden zu dieser Zeit abgeschlossen, die die Wirksamkeit des Aquapol-Gerätes anhand verschiedenster Parameter bewiesen. Privat tätige Ingenieure und Universitäten testeten und bestätigten unsere Erfindungen. Im Jahre 2008 wurden wir in den österreichischen Senat der Wirtschaft (Mitglied des Global Economic Network) berufen. Zudem wurde uns in Norditalien der Recam-Preis verliehen, unser Produkt wurde in der Laudatio als "das innovativste und umweltverträglichste Produkt im Bauwesen" bezeichnet. Mitglieder des Architektenverbandes Venetiens ehrten uns öffentlich ... und so weiter und sofort. Kurz gesagt regneten auf einmal Ehrenurkunden und Preise auf uns nieder. Im Jahre 2011 zertifizierte uns der *TÜV Austria* für unser System zur Bestimmung des Feuchtigkeitsgehaltes nach ÖNORM B 3355-1.

Parallel dazu ging es Schlag auf Schlag in puncto Expansion. Ein Land nach dem anderen interessierte sich nun für die Aquapol-Technologie, die unzweifelhaft mit konkreten Resultaten aufwarten konnte. Insgesamt wurden bis heute in 20 Ländern über 100.000 Aquapol-Anlagen verkauft.

Das Konzept der *Raumenergie* begann, sich in den Köpfen festzusetzen. Sie wird in Zukunft nicht mehr aus der Diskussion zu verbannen sein, ja sie wird aller Wahrscheinlichkeit nach in alle möglichen Gebiete Einzug halten und das Gesicht unserer Welt vollständig verändern.

- 11 -
Die grundlegenden Thesen

Natürlich stellt sich als Erstes die Frage: Wie funktioniert das Aquapol-Gerät "eigentlich", speziell angesichts der verschiedenen Theorien, mit denen wir Sie traktiert haben? Nun, in diesem Kapitel werden Sie belohnt! Alle Theorien, die wir an früherer Stelle aufgestellt haben, werden auf den folgenden Seiten zusammengeführt.

Grundsätzlich handelt es sich bei dem Aquapol-Gerät um einen neuartigen Generator (= Erzeuger), es handelt sich um einen Raumenergie-Umwandler. Der patentierte Generator besteht aus mehreren verschiedenartigen Spulensystemen und Antennenformen, die auf eine bestimmte Weise miteinander verschaltet sind. Im Grunde genommen sehen wir uns einem Empfangs- und einem Sendeteil gegenüber. Bemerkenswerterweise existiert kein einziges elektronisches Verschleißteil, das durch Überspannung oder thermische Belastung Schaden nehmen könnte. Es handelt sich um ein sehr spezielles Gerät, welches mit der Raumenergie selbst in Resonanz geht, um Arbeit verrichten zu können.

Soweit wir es beurteilen können, steht damit das erste Gerät weltweit zur Verfügung, dass sich der Raumenergie bedient und kontinuierlich gleichbleibende Resultate erzielt, die von jedermann nachgeprüft werden können!

Das Aquapol-Gerät ist auch im mechanischen Spektrum und im elektromagnetischen Spektrum resonanzfähig, aber von besonderer Bedeutung ist das gravomagnetische Spektrum, denn hier wird die eigentliche Arbeit verrichtet. Tatsächlich muss das Gerät, wie schon ausgeführt, vor elektromagnetischer Resonanz sogar geschützt werden und ist daher entsprechend abgeschirmt. Auf einen simplen Nenner gebracht funktioniert der Spaß so: Das Aquapol-Gerät empfängt zunächst das gravomagnetische Wasserstofffeld der Erde, das überall in gleicher Stärke vorhanden ist. Dieses gravomagnetische Wasserstofffeld verursacht, dass das Aquapol-Gerät in Resonanz gesetzt wird. Freie Tachyonen werden nun in gravomagnetische Wellenenergie umgewandelt und sind somit eben nicht mehr frei. In der weiteren Folge wird diese Energie rechtszirkular polarisiert. Sprich der Sendeteil des Aquapol-Gerätes sendet ständig ein rechtszirkular polarisiertes gravomagnetisches Feld mit der Frequenz des Wasserstoffes ab. Dies bewirkt, dass die kapillare Feuchtigkeit im durchfeuchteten Mauerwerk nach unten wandert, bis das Erdniveau erreicht und das Mauerwerk bis auf seine natürliche Restfeuchtigkeit ausgetrocknet ist. Ein Kinderspiel, wirklich ... wenn man weiß, wie es funktioniert.

Würde man nebenbei bemerkt linkspolarisieren, würde die Feuchte nach oben wandern, wodurch das Mauerwerk noch feuchter würde. Diesen bemerkenswerten Effekt könnte man etwa für die Bewässerung von Feldern einsetzen, man könnte ganze Wüsten damit in blühende Äcker verwandeln.

Aber bleiben wir bei der *Ent*feuchtung. Die Kraftwirkung/der Sendeteil des Gerätes wirkt also in Richtung Boden, die Feuchtigkeit bewegt sich nun nach unten. Diese Kraftwirkung ist tatsächlich stärker als die physikalischen und chemischen Kräfte, die die Feuchtigkeit vorher aufsteigen ließen.

Auf Erdstrahlen, die durch Wasseradern hervorgerufen werden, wirkt das Aquapol-Gerät dabei stark dämpfend. Rechtsdrehender

Wasserstoff übt einen positiven biologischen Einfluss auf den menschlichen Organismus aus, soweit nachweisbar. Und das ist auch schon das ganze Geheimnis, der ganze Spuk - auf einen simplen Nenner gebracht.

Aber so einfach eine technische Neuerung im Grunde genommen ist, jede technische Neuerung, wenn man nur die Prinzipien und Kräfte kennt, so erstaunlich sind andererseits die Effekte. Nun gibt es eine schöne, ehrenwerte, wissenschaftliche Tradition, die fordert, dass man seine theoretische Arbeitsgrundlage in Form von Thesen oder Axiomen niederlegen sollte - knapp, präzise und unmissverständlich.

Wir haben an früherer Stelle dieses Buches bereits angekündigt, dass wir nicht nur den Laien, sondern auch den Fachmann zufriedenstellen wollen, was die Aquapol-Technologie angeht. Aus diesem Grunde seien nun an dieser Stelle 26 Thesen vorgestellt, die der Laie überspringen mag, die aber für den Ingenieur und den wissenschaftlich geschulten Kopf von Interesse sein mögen. Sie sind sozusagen der Heilige Gral, Theorie und Praxis kommen in diesen grundlegenden Thesen endgültig zusammen.

Die grundlegenden Thesen zum Aquapol-System für Wissenschaftler

THESE 1: Unser physikalisches Universum beinhaltet eine, auch im Vakuum existierende, universelle Urenergie, nämlich die Raumenergie*. Dieses enorme Energiefeld ist masselos, bewegt sich mit Überlichtgeschwindigkeit, ist richtungslos, hochfrequenter Natur und durchdringt Materie nahezu ungehindert. Diese Energie ist der Träger aller anderen uns bekannten physikalischen Energieformen.

THESE 2: Materie sowie auch Antimaterie dient als Wandler für die Raumenergie. Beim Durchdringen von Materie (z. B. Planeten) wird ein geringer Teil der Raumenergie u. a. in die wichtigsten drei statischen und die drei dynamischen Energieformen umgewandelt.

THESE 3: Die drei statischen Energieformen - Elektrostatik, Magnetismus und Gravitation - sind somit direkte Manifestationen der Raumenergie, wenn sie Materie bzw. Materieformen (= Mechanismen) durchdringt.

THESE 4: Die drei dynamischen Energieformen - Elektromagnetismus, Gravomagnetismus und Elektrogravitation - sind Bindeglieder zwischen jeweils zwei statischen

** Raumenergie ist ein weit verbreiteter Begriff - jedoch gibt es auch noch andere Namen für diese universelle Urenergie, beispielsweise Nullpunktenergie, Raumkraft, Äther, Vakuumenergie, Vakuumfeld, Quantenfeld ect.*

Energieformen. Sie sind ebenfalls direkte Manifestationen der Raumenergie, wenn sie Materie bzw. Materieformen durchdringt.

THESE 5: Die Ausbreitungsform der drei dynamischen Energieformen ist wellenstrukturartig. Die jeweiligen Wellenstrukturen der drei Energieformen unterscheiden sich im Strukturaufbau wesentlich. Der einzige gemeinsame Nenner dieser unterschiedlichen Wellenstrukturen besteht aus der raumenergetischen Trägerkomponente, die sich in Ausbreitungsrichtung nahezu geradlinig bewegt (Elektrogravitation ist noch nicht genauer erforscht).

THESE 6: Die gravomagnetische Welle besteht aus einer zirkular polarisierten magnetischen Wellenkomponente und einer um die magnetische Welle zirkular polarisiert rotierenden, gravitatorischen Wellenkomponente. Auf eine ganze Wellenschwingung der magnetischen Komponente kommen meist mehrere Wellenschwingungen der gravitatorischen Komponente. Die raumenergetische Trägerkomponente ist in diesem Falle immer die Achse der magnetischen Wellenkomponente.

THESE 7: Der Geo-Gravomagnetismus oder auch das gravomagnetische Feld der Erde ist ein Folgeprodukt der Raumenergie, wenn es die Erde durchdringt. Bei der Durchdringung mehrerer Schichten von Materie (Eisen, Nickel etc.) wandelt sich die Raumenergie zu einem geringen Teil in ein gravomagnetisches Feld mit materiespezifischen Frequenzen um. Dieses gravomagnetische (gm.) Feld bzw. Spektrum gibt Auskunft über die genaue Beschaffenheit des Erdmantels und des

Erdkerns. Die Intensität des gm.-Feldes wird zwar durch die Erdschichtendurchdringung geschwächt - jedoch kann das gm.-Feld der Erde nicht bis kaum abgeschirmt werden.

THESE 8: Das gm.-Feld der Erde ist ein radial gerichtetes Feld, dessen Mittelpunkt in etwa der Erdmittelpunkt ist. Dessen Feldlinienrichtung ist identisch mit jener der Gravitationskräfte, nur umgekehrt wirksam.

THESE 9: Dieses gm.-Feld der Erde verlässt es an der Oberfläche nahezu senkrecht, wobei es Gebäude fast ungehindert durchdringt. Nur ferromagnetische Stoffe vermögen dieses gm.-Feld mehr zu beeinflussen, indem sie es teilweise reflektieren, beugen und bei schwacher Intensität sogar abschirmen.

THESE 10: Das Innerste des Erdkernes besteht aus dem Urelement Wasserstoff. Im gm.-Spektrum der Erde ist die gm.-Wasserstofffrequenz mit unterschiedlicher Intensität vorhanden.

THESE 11: Das gm.-Feld der Erde (wie auch das gm. H-Feld*) ist in der Regel mit seiner magnetischen Komponente, der statischen Magnetfeldkomponente (horizontal) des Erdmagnetfeldes, in Wechselwirkung.

THESE 12: Geologische Begebenheiten, wie z. B. unterirdische Wasserläufe, tektonische Brüche, Erdspalten, ferromagnetische Erzlager, größere Hohlräume und auch

* *Abkürzung für gravomagnetisches Feld mit der Frequenz des Wasserstoffes (chemisch "H")*

unterirdische Seen, um nur einige zu nennen, verursachen eine Anomalie des gm.-Feldes.

THESE 13: Geopathogene Zonen sind in erster Linie Anomalien des gm. H-Feldes in Form von Intensitäts- und Polarisationsanomalien.

THESE 14: Anomalien in Form von Intensitätsanstiegen des gm. H-Feldes verursachen am unisolierten, durchfeuchteten Mauerwerk eine erhöhte kapillare Steighöhe, die den 3,5-fachen Wert der normalen kapillaren Steighöhe erreichen kann. Ebenso erhöhen rechtspolarisierte gm.-Felder der Erde die kapillare Steighöhe, jedoch nicht in dem Ausmaß wie die gm. H-Intensitätsanstiege.

THESE 15: gm. H-Feldanomalien in Form von Intensitätsabfällen und linkspolarisierten gm. H-Feldern vermindern die kapillare Steighöhe.

THESE 16: Der gm.-Kernspin der Wasserstoffatome in der kapillaren Flüssigkeit in einem porösen, durchfeuchteten System (Mauerwerk) ist durch das gm. H-Feld auf der nördlichen Halbkugel der Erde rechtsrotierend, welches die Aufwärtsbewegung der Flüssigkeit in einem Kapillarsystem enorm fördert.

THESE 17: Ein senkrecht zum Boden gerichtetes, rechtszirkulares gm. H-Feld bewirkt bei entsprechender Intensität eine Umorientierung des gm.-Kernspins und somit eine Abwärtsbewegung der Flüssigkeit. Diesen Vorgang könnte man als gm.-Orientierungspolarisation bezeichnen.

THESE 18: Das Aquapol-Gerät ist im Prinzip ein resonanzfähiges, mechanisches Antennengebilde, das in drei verschiedenen Energiespektren resonanzfähig ist:

a) im mechanischen Spektrum,
b) im elektromagnetischen Spektrum,
c) im gravomagnetischen Spektrum.

THESE 19: Im gm.-Spektrum ist das Aquapol-Gerät - bedingt durch seine Bauform - ein gravomagnetischer Polarisationsgenerator für den Frequenzbereich des Wasserstoffes.

THESE 20: Das Aquapol-Gerät wird durch das gm. H-Feld der Erde durch seinen trichterförmigen gm.-Ansaugkegel in gm.-Resonanz versetzt.

THESE 21: Das angesaugte gm. H-Feld erfährt je nach Bauweise eine zirkulare stabile Polarisation.

THESE 22: Das Aquapol-Gerät ist ein nach oben offenes System, was bedeutet, dass es von oben Raumenergie einfließen lassen kann, welche in gm.-Feldenergie umgewandelt wird, die - bedingt durch die Bauweise - eine bestimmte zirkulare Polarisation erfährt. Die physikalische Bezeichnung lautet daher: gravomagnetischer Polarisationsgenerator.

THESE 23: Bei einem rechtszirkular polarisierten, generierten gm. H-Feld mit bestimmter Intensität kommt es zu einer gm.-Orientierungspolarisation der H-Atome und einer Abwärtsbewegung der Flüssigkeit in einem porösen Kapillarsystem (z. B. Anwendung bei der Mauerentfeuchtung). Diesen physikalischen Vorgang der Dehydrierung kapillar durchfeuchteter Systeme nennt man Magnetokinese - oder genauer: Gravomagnetokinese.

THESE 24: Bei einem linkszirkular polarisierten, generierten gm. H-Feld mit bestimmter Intensität kommt es zu einer verstärkten Aufwärtsbewegung der Flüssigkeit in einem porösen, durchfeuchteten Kapillarsystem (z. B. Anwendung bei der Bodenbefeuchtung). Dieser hydrierende Vorgang wird ebenso als Magnetokinese bezeichnet, genauer gesagt als Gravomagnetokinese.

THESE 25: Ein vom Aquapol-Gerät rechtszirkular polarisiertes, generiertes gm. H-Feld ist im Allgemeinen für den Menschen biologisch neutral bis positiv wirksam (Anwendung als Mauerentfeuchtungsanlage und als Biofeld-Generator).

THESE 26: Ein vom Aquapol-Gerät linkszirkular polarisiertes, generiertes gm. H-Feld mit weitaus größerer gm.-Intensität als die Bodenintensität ist im Allgemeinen für den Menschen biologisch neutral bis negativ wirksam, für Pflanzen, die vom Boden her befeuchtet werden, ist es in der Regel biologisch positiv wirksam (Anwendung als Bodenbefeuchtungsanlage).

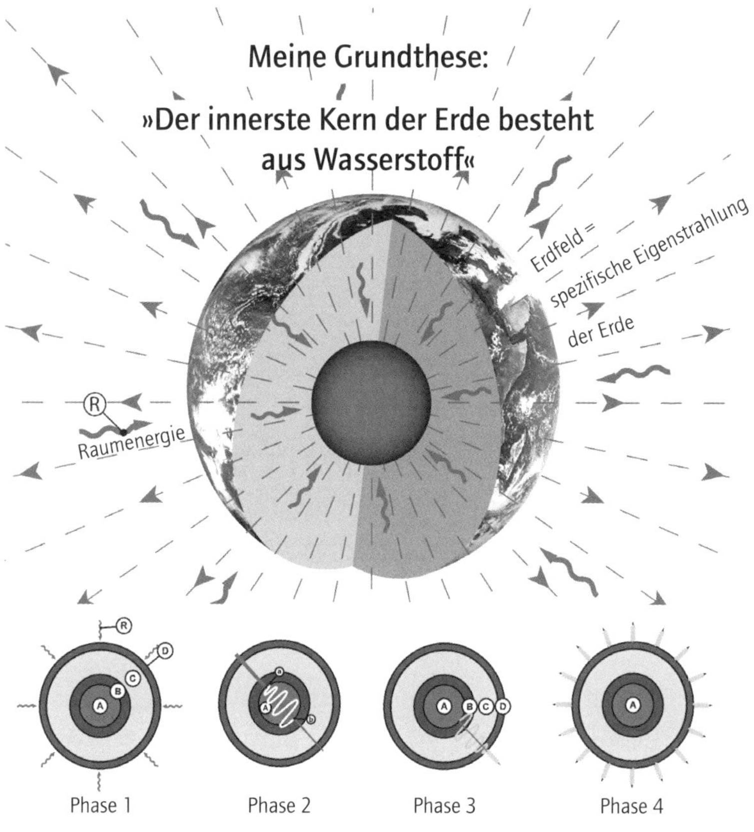

Kommentar:

PHASE 1: Die Raumenergie (R) durchdringt die verschiedenen Erdschichten (A) bis (D) und ändert dabei ihre Form.

PHASE 2: Beim Durchdringen des innersten Erdkerns (Wasserstoff mit metallischen Eigenschaften[1)]) von Pkt. (a) nach Pkt. (b) wird ein Teil der Raumenergie in eine bestimmte Erdenergie mit der Frequenz des Wasserstoffs umgewandelt.

PHASE 3: Beim Durchdringen der anderen Erdschichten (B) bis (D) wird dieses spezifische Erdfeld gedämpft.

PHASE 4: Das Erdfeld tritt an der Erdoberfläche geschwächt aus.

1) wie z. B. bei Jupiter – siehe dazu Spektrum der Wissenschaft: Metallischer Wasserstoff, auf der Aquapol-Homepage unter dem Punkt »Für Sie gelesen« im Menü »Wissenschaft«

Verschiedene Modelle des Aquapol-Gerätes

- 12 -
Praxis, Praxis, Praxis

Nun sind umgekehrt Theorien nur so gut, wie sie Ergebnisse in der Praxis zeigen, wir haben auf diesen Umstand bereits hingewiesen. Aus diesem Grund sind anbei also einige ausgewählte Fälle vorgestellt, konkrete Immobilien also, die trockengelegt wurden mithilfe dieser neuen Technologie. Sie beweisen die Wirksamkeit des Aquapol-Gerätes ohne Wenn und Aber, da bei allen die Trockenlegungsphase ohne begleitende Maßnahmen wie Altputzentfernen funktionierte.

Betrachten wir eines unserer Objekte etwas ausführlicher.
Tatort: Baden Württemberg, Schloss Schlatt unter Krähen
Tatzeit: 1996-1998

Das Schloss Schlatt unter Krähen wurde um 1592 von Hans Ludwig von Bodman erbaut und war seit 1816 lange Zeit im Besitz der alten Hergauer Adelsfamilie Reischach, bis es 1957 an Graf Patrick Douglas überging. Dieser hat das Gebäude im Laufe der Zeit innen wie außen renovieren lassen, und somit ist das Schloss noch heute ein adeliger Wohnsitz, der mit viel Aufwand liebevoll gepflegt und instand gehalten wird.

Das Mauerwerk des dreigeschossigen Massivbaus besteht größtenteils aus Kalksandstein.

1996 wurde Aquapol mit der Mauertrockenlegung beauftragt. Der messbare Feuchtigkeitsspiegel am Verputz lag zwischen 1,2 und 3 Metern, und Teile des Putzes fielen bereits ab. Ein stark muffiger Geruch und die nur sporadisch oder gar nicht bewohnbaren Räumlichkeiten machten eine Sanierung unumgänglich.

Da die Böden im Erdgeschoß zum Teil unter dem Erdniveau liegen, waren Methoden wie Mauertrennverfahren oder chemische Injektagen nicht nur übertrieben teuer, sondern auch schwer realisierbar. Die Firma Aquapol konnte die Mauern ohne Eingriffe in die Bausubstanz trockenlegen.

Mit halbjährlichen Messungen konnte der Austrocknungsprozess mitverfolgt werden, und knapp zwei Jahre später war das Mauerwerk bis auf eine natürliche Restfeuchte trocken. Der versalzene Altputz wurde nun entfernt und durch den historischen Hochleistungskalkputz "SOLUBEL" ersetzt.

Schloss Schlatt unter Krähen

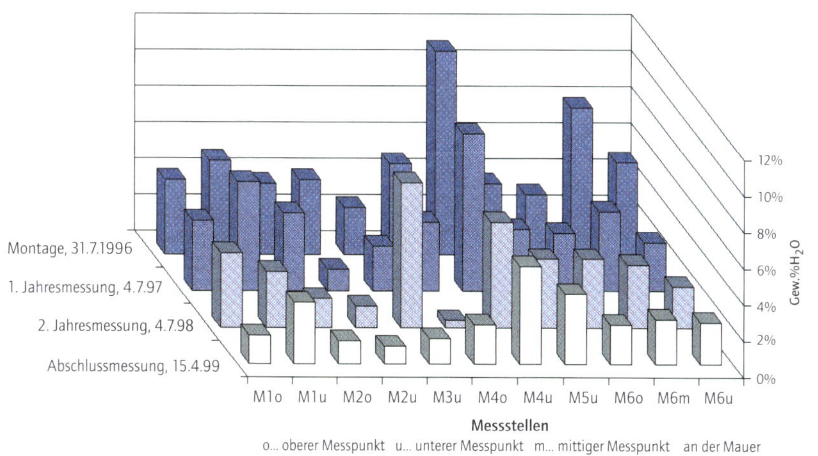

Austrocknungsprozess - Schloss Schlatt unter Krähen

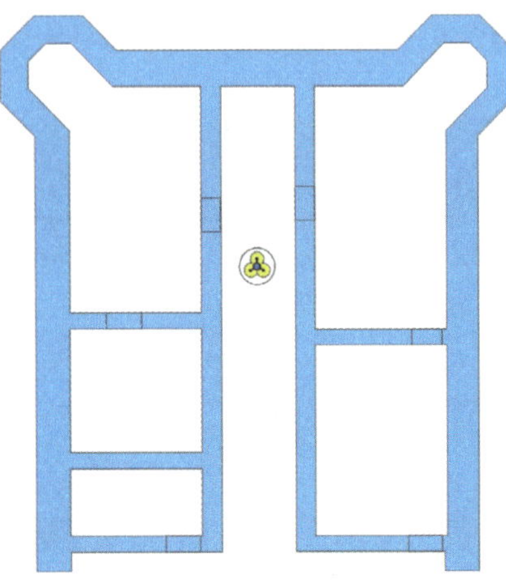

Grundriss des Schlosses mit dem Aquapol-System

Aquapol-System / Modell Rustica-Weiß

Ostseitige Fassade vor der Sanierung

Ostseitige Fassade nach der Sanierung

So weit ein ausführlich dokumentiertes Objekt.

Die genaue Zeit, der genaue Ort, die Dauer, die betreuenden Architekten, die Besitzer, die Kontrolleure, ... Alles ist vorhanden und einsehbar! Das gesamte Dokumentationsjournal zu diesem Projekt kann man sich unter aquapol.de anschauen bzw. downloaden.

Betrachten wir übergangslos einige weitere Immobilien - aus der Slowakei und aus Ungarn.

Publiziert wurden die Fälle bislang in der hauseigenen Firmenzeitschrift oder in Fachartikeln.

OBJEKT: PFARRHAUS IN DER SLOWAKEI

Römisch-katholische Kirche, Ustredie 227, Pfarrhaus, Vysoká nad Kysucou, Slovensko

Das Pfarrhaus der römisch-katholischen Kirche wurde im 18. Jahrhundert erbaut und ist teilweise unterkellert. Die Außenwände bestehen aus Steinmauerwerk.

Durch kapillar aufsteigende Bodenfeuchtigkeit und hygroskopische Feuchtigkeit (durch Salze verursacht) sowie durch das Ausblühen von Salzen waren die Mauern des Hauses beschädigt und hatten innenseitig Modergeruch.

2004 wurde von der Firma Aquapol mit der Hochfrequenzmethode die Feuchtigkeitssteighöhe im Mauerwerk an den Außenwänden gemessen. Diese Steighöhe der Bodenfeuchte betrug zwischen 100 bis 130 cm. (Siehe Bild)

Pfarrhaus vor und nach der Sanierung

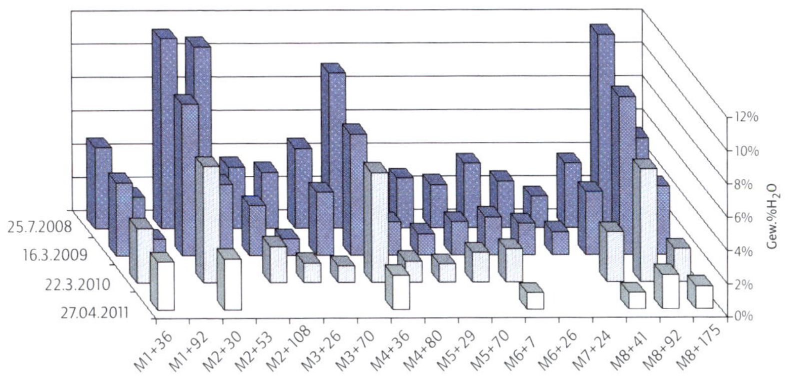

Austrocknungsprozess - Pfarrhaus, Ustredie 227, Slowakei

2008 wurde die Montage der Aquapol-Technologie durchgeführt. Die vollständige Austrocknung war nach drei Jahren erreicht. Die Mauerfeuchtemessung in der Tiefe der Mauer erfolgte nach der Darn-Methode, die die einzig gültige und verlässliche Methode laut ÖNORM B3355/1 ist.

2011 wurde der stark versalzene Altputz entfernt und das Pfarrhaus saniert.

Selbst ein Teil des ungarischen Parlamentsgebäudes wurde von Aquapol trockengelegt und von unabhängigen Experten überwacht.

Wie viele Bauten aus der ehemaligen österreich-ungarischen Monarchie litt auch das ungarische Parlament an aufsteigender Bodenfeuchte. Verschiedene Methoden der Trockenlegung wurden angewandt, wie chemische Injektagen oder Elektroosmose, die jedoch nur mäßigen bis gar keinen Erfolg brachten.

Parlament Budapest

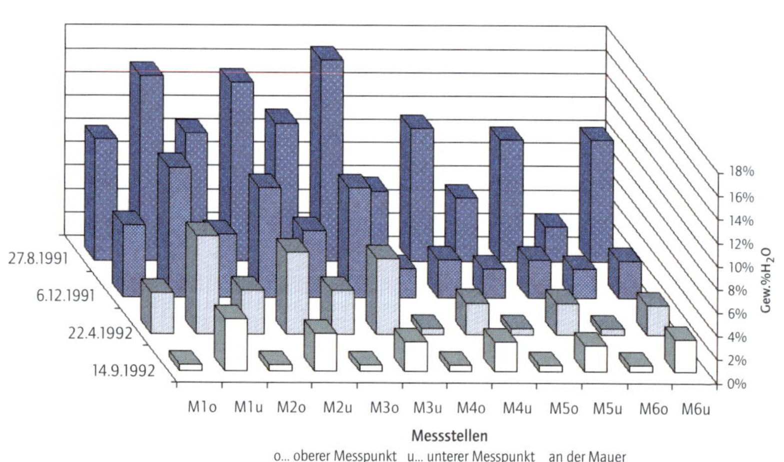

Austrocknungsprozess - Parlament Budapest, Ungarn

Schließlich wandte man sich 1991 an Aquapol. In einem Teilbereich des Parlaments wurden mehrere Aquapol-Geräte montiert. Parallel wurden an mehreren Stellen absolute Mauerfeuchtigkeitsmessungen nach der Karbid-Methode durchgeführt und protokolliert. Nach bereits vier Monaten konnte man eine signifikante Reduktion der Feuchte im Mauerwerk erkennen, und nach einem Jahr war die erfolgreiche Trockenlegung erreicht, was dieses alternative System zum schnellsten System dieser Art macht.

Die bestehende Aquapol-Anlage hält nun ohne jegliche Betriebskosten das Mauerwerk im Wirkbereich für die nächsten 70 bis 100 Jahre trocken.

Die offizielle Bestätigung las sich so:

> *Zusammenfassung: Die eigentlichen von der Aquapol Kft. in den 1990er-Jahren geleisteten Baumaßnahmen im Keller des Parlaments umfassten die Voruntersuchung der Räumlichkeiten, die Ausgabe von Gutachten und die Installation der ausschließlich von ihnen hergestellten Geräte. Ferner wurden nach der Installation Kontrollmessungen durch sie selbst durchgeführt. Die darüber hinausgehenden Arbeiten wurden von der zuständigen technischen Direktion des Parlaments übernommen.*
> *Budapest, November 2002*
> *Dr. Istvan Geri*
> *Stellvertretender Generaldirektor*

2015 waren nun schon über 50.000 Anlagen im Einsatz – in vielen europäischen Ländern sowie auch in Taiwan, Ecuador, in den USA, in Südafrika, Russland usw.

ENERGIEAUTARKIE RUND UM DIE UHR MIT EINEM HEIMKRAFTWERK

Vielfach wird sich der Leser fragen: "Wie sieht es mit der Erzeugung von Elektrizität aus?" "Kann man die Raumenergie praktisch nutzen, um 24 Stunden am Tag und 365 Tage im Jahr Strom zu erzeugen?" "Auch für Otto Normalverbraucher mit Einfamilienhaus?" Die Antwort ist: JA!

Ende 2015 gehen in Österreich Heimkraftwerke mit ca. 5-kW-Dauerleistung mit bereits bestellten 500 Stück in Serie. Das sogenannte "GAIA-Rosch-Auftriebskraftwerk". Kritiker meinen "unmöglich" - aber die Praxis zeigte, dass es monatelang im langem Probebetrieb in Spich/Deutschland bei der Fa. Rosch Innovations wiederholt funktionierte, und viele Messtechniker konnten sich davon überzeugen.

Es ist ein röhrenartiger, mit Wasser gefüllter, etwa 4,5 m hoher Behälter, der im Inneren "paternosterförmige" Auftriebsluftschalen hat, die durch Luftdruck mit einem externen Luftkompresser in Bewegung gebracht und dann stabil in Bewegung gehalten werden.

Es werden hier mehrere Effekte, wie z. B. die Auftriebskraft durch Luft im Wasser oder auch Verwirbelungen, ausgenutzt. Bei den Wasserwirbeln im System entsteht ein geometrischer Torus - wie er uns schon von vielen Raumenergieeinkopplungen, wie z. B. beim Erdmagnetfeld oder beim Aquapol-Generator, die in den Vorkapiteln beschrieben wurden, bekannt ist. Genaues erfährt man aus betriebsgeheimen Gründen der Fa. Rosch natürlich nicht.

Hinter diesem Heimkraftwerk steckt eine sehr engagierte Gesellschaft für autarke Energie namens GAIA mit Vereinssitz in Kuchl/Salzburg, allen voran Christoph Beiser und Roberto Reuter.

Am 30. April 2015 erreichte das Demokraftwerk bereits eine Energieleistung von 1 MWh im Dauerbetrieb. Die Verbraucher waren Halogenstrahler, Infrarotstrahler, spezielle Lampen und ein TV-Gerät mit einem Gesamtverbrauch von 4,73 kW.

Der Luftkompresser verbraucht etwa 120 W, aber er wird nach der kurz eingespeisten Startenergie selbst vom Kraftwerk betrieben - welches dann stabil autonom weiterläuft.

Man kann dieses Kraftwerk im Bausatz für ca. 13.500,- € kaufen und unter Anleitung eines dafür geschulten Fachmannes selbst bauen. Oder man kauft es fertig für ca. 29.000,- € an Investitionskosten (Stand 2015). Die Amortisationszeit beträgt nur wenige Jahre - aber vor allem ist man dem Ziel "Energieautarkie" für jedermann einen großen Schritt näher gekommen.

Übrigens: Die Firma Rosch AG produziert schon länger Kraftwerke auf dieser Basis bis 500 kW für Gewerbe und Energielieferanten. Die Stromkonzerne werden mit dieser neuen Technologie noch billiger Strom erzeugen und noch mehr Profit machen.

Nur mit Heimkraftwerken dieser Art kann man dezentral viel günstiger Strom erzeugen und den Preisdiktaten der Energieversorgungsunternehmen entgegensteuern.

Also - auf was warten?

Selbst Hand anlegen und energieautarker werden!

Mehr Info: www.gaia-energy.org

- 13 -
Unglaubliche Perspektiven - oder: Zukunftsvisionen

Die Tatsache, dass man mithilfe der Raumenergie Häuser trockenlegen kann, ist eine Seite der Medaille. Sehr viel brisanter ist jedoch der Umstand, welche weiteren Anwendungsmöglichkeiten existieren.

Rund 600 denkmalgeschützte Bauten in ganz Europa (wie Kirchen und Schlösser etwa) konnten bislang durch diese revolutionäre neue Energietechnologie gerettet werden, durch Aquapol. *Ohne Strom* wurden Gebäude trockengelegt. Damit wurde Energie eingespart und Bausubstanz erhalten. Unseren Berechnungen zufolge sparten bis heute rund 33.000 installierte Aquapol-Aggregate pro Jahr mindestens 30 Gigawattstunden Strom. Das entspricht einem jährlichen Heizenergiebedarf von etwa 3000 Haushalten mit 100 Quadratmetern Wohnfläche!

Energieeinsparungen sind also der erste Vorteil. Tatsächlich sind sie in riesigen Größenordnungen möglich, wenn man nur ein wenig weiterdenkt, konkret an fünf Kontinente und 50 bis 100 Staaten.

BEFEUCHTUNG

Der aufmerksame Leser wird festgestellt haben, dass sich mittels des Aquapol-Gerätes die Gleichung auch umdrehen lässt. Sprich: Man kann auch Flächen *be*-feuchten. Die *anwendbare* Technologie hierfür existiert bereits, nicht nur die Theorie! In der Landwirtschaft wird ein Stoff immer gebraucht: *Wasser!* Und: Mit der Aquapol-Technologie lassen sich Felder bewässern und Wüsten fruchtbar machen!

Die Perspektiven, die sich allein hieraus ergeben, sind atemnehmend, man denke nur einmal an all die unendlichen Wüsten Afrikas, Asiens, Australiens oder Amerikas. Wenn man unfruchtbare Böden problemlos und relativ kostengünstig bewässern kann, so käme das einer vollständigen Revolution gleich, die das gesamte Gesicht der Erde verändern könnte. Das Lebenspotenzial vieler Staaten würde in einem unglaublichen Ausmaß ansteigen, speziell der Staaten, die durch Wüsten geplagt und heimgesucht werden, wie etwa Ägypten, Libyen, Syrien und fast alle arabischen Staaten. Der alte Traum, Wasser zu kontrollieren, würde wahr. Wasser aber ist Leben - genauer gesagt: Es ermöglicht Leben. Die ersten großen Zivilisationen auf diesem Planeten wurden nur durch die (relative) Kontrolle des Wassers möglich, denken wir nur an die sumerische Hochkultur (mit den Flüssen Euphrat und Tigris) oder an das alte Ägypten (mit dem fruchtbaren Nil). Wenn Menschen und Staaten beliebig Wasser zur Verfügung stünde (und selbst tief unter Wüsten befindet sich Wasser, von der "Luft" und der Atmosphäre ganz abgesehen), so könnte damit ein vollständig neues Überlebensniveau für die gesamte Menschheit geschaffen werden.

"SPRIT" FÜR AUTOS

Die Raumenergie kann jedoch auch zum Antrieb von Autos eingesetzt werden. Tesla selbst entwickelte bereits den Prototyp eines Autos, das allein mithilfe der Raumenergie fuhr, wenn wir seinen eigenen Aussagen Glauben schenken dürfen. Stellt man sich nur ansatzweise vor, welche Revolution allein dadurch eingeläutet werden würde, welche Industrien betroffen sind und wie viele Märkte, so erhält man eine weitere kleine Vorstellung davon, welche Sprengkraft das Thema *Raumenergie* in sich birgt.

Längst wird in dieser Richtung vehement geforscht.

Tatsächlich gibt es bereits zahlreiche Tüftler und Erfinder, die zum Teil ungesehen hinter den Kulissen an nichts anderem arbeiten. Manchmal sind diese Projekte hochgeheim, mitunter erblickt je und je der Zipfel eines solchen Projekts das Licht der Öffentlichkeit.

Im Jahre 2007 stellte etwa Professor L. I. Szabó auf einem Kongress in Wien bereits einen Magnetmotor mit einer besonderen Geometrie vor. Die theoretische Grundlage: Speziell zusammengestellte Magnete verstärken zusammen mit der Raumenergie die magnetische Feldenergie. Die Vorteile dieses Motors: Es gibt keinen CO_2-Ausstoß, keine giftigen Gase, weiter ist der Motor nichtnuklear und geräuscharm.

Über 100 Prototypen dieses Motors existieren bereits. Magnetmotoren, so Szabó, können tatsächlich bereits Überschussenergie liefern. Dokumentiert sind zahlreiche Tests und über 100.000 Betriebsstunden im Labor. Der Nachteil: Das Gewicht dieser Art von Motor ist noch zu hoch, er beträgt 8.500 kg, aber immerhin wurde damit bereits eine Überschussleistung von 15.000 Watt erzielt. Prof. Szabós Erfindung wurde von einigen Universitäten in Kanada und Ungarn bestätigt, es existieren weiter eidesstattliche Erklärungen von Fachleuten, die die Funktionstüchtigkeit dieses neuen Motors feststellten. (1)

Ein weiteres Beispiel: Prof. Dr. Dr. h. c. Josef Gruber arbeitete und arbeitet ebenfalls an verschiedenen RET-Geräten (= Raumenergie-Technik-Geräten), sprich Magnetmotoren, die nicht nur in Booten, sondern auch in City *cars* etwa Verwendung finden könnten. (2) Gruber geht davon aus, dass sie bald in brauchbarer Größe auf den Markt kommen können.

Den Traum, nie wieder tanken zu müssen, träumte und träumt auch Robert W. Alexander. In den 70er-Jahren baute Alexander in Kalifornien mit seinen beiden Söhnen und seinem Partner James Smith eine neue Art von Motor. Die Faktoren Elektrizität, Luftdruck und Hydraulik spielten dabei eine Rolle, der Motor lief ohne Benzin, ohne Treibstoff, lärmfrei und verursachte keine Umweltverschmutzung. (3)

"Luftdruckautos" diskutierte ernsthaft auch der Sender 3sat am 18.10.2001. Zu diesem Zeitpunkt berichtete der Sender auf seiner Website, dass der renommierte französische Erfinder Guy Negre einen Motor entwickelt habe, der nur mit "Luft" führe. 30 PS und 110 km/h seien erreichbar.

Autos nur mit Luft, Wasser oder anzapfbarer Raumenergie anzutreiben, ist offenbar ein unausrottbarer Traum. Häufig sind auch sogenannte "Wasserstoffautos" im Gespräch.

Francesco Pacheco, ein Bolivianer, entwickelte etwa einen Wasserstoffgenerator (US-Patent Nr. 5089107), der Wasserstoff aus Meerwasser separieren konnte. Erfolgreiche Prototypen trieben bereits ein Auto an, ein Motorrad und einen Rasenmäher.

Carl Cella aus Kalifornien wird ebenfalls nachgesagt, einen Wasserstoffgenerator entwickelt zu haben. (4)

Fast immer spielen bei all diesen Experimenten der Wasserstoff und die Raumenergie eine Rolle. Wir stehen also ganz am Anfang einer aufregenden Entwicklung.

TREIBSTOFF FÜR FLUGZEUGE

Wir wollen gar nicht erst anfangen, die immensen Treibstoffkosten für Flugzeuge weltweit an dieser Stelle aufzulisten. Fest steht nur, auch in dieser Richtung wird fieberhaft geforscht.

Jörg Schauberger etwa verwaltet heute das Erbe seines Großvaters Viktor Schauberger, der brennend an neuen Flugzeugmotoren und -antrieben interessiert war und nach alternativen Energien Ausschau hielt. Viktor Schauberger, von Beruf Förster und gleichzeitig ein Pionier der modernen Wasserforschung, baute bereits spezielle Heizschwimmanlagen sowie Wasserstraßen und schaffte es, geschlagenes Holz aus entlegenen alpinen Gegenden kostengünstiger als jeder andere Unternehmer zu Tal zu bringen. Er verwendete dabei möglichst kühles (und dichtes Wasser), weiter nutzte er intelligent die mechanischen Bewegungseigenschaften des Wassers aus und ebnete dadurch ebenfalls den Weg für völlig neue Betrachtungsweisen in puncto Energie. Die Praxis bewies, dass er nicht nur ein Theoretiker war, sondern tatsächlich Lösungen vorstellen konnte. Sein Lieblingskind war jedoch die "Fliegende Untertasse" sowie neue Flugzeugmotoren mit alternativen Energien. (5) Unter anderem entwickelte er beispielsweise eine "Forellenturbine", die die Funktionsweise der Kiemen der Forelle kopiert, wie er überhaupt die Natur exakt beobachtete, nicht anders als einst Leonardo da Vinci. Er versuchte, "naturunrichtige" Technik durch Biotechnologie zu ersetzen.

Generell setzte Schauberger auf Implosion statt Explosion, auf Wasser statt Feuer, auf Zugkraft statt Druckkraft, auf Kurven anstelle der geraden Linien und auf Levitation im Gegensatz zur Gravitation. Er stellte fest, dass die Natur nach dem Zugprinzip arbeitet und die Implosion nutzt, um etwas aufzubauen. Druck und zentrifugale Bewegung, beobachtete er weiter, sind dagegen für Abbauprozesse zuständig. Sog und zentripetale (zum Mittelpunkt, zum Drehzentrum hinstrebende) Bewegung schienen ihm also die Lösung für den Aufbau, für neue Energien zu sein. Überall sah er zwei gegensätzliche Kräfte am Werk, zwei Pole, wie schon die Taoisten und der alte chinesische Weise Lao-Tse.

Die Natur war Schaubergers eigentliche Inspiration. Er stellte fest, dass es dort keine gerade Linien, sondern nur Kurven, Wellen und geschwungene Formen gibt. Sein Leitspruch lautete: "Die Natur kapieren und kopieren."

Alles in allem lieferte Schauberger einen vollständig neuen, hochintelligenten Ansatz.

Auch auf dem Gebiet der Flugzeugtechnologie wird die Raumenergie jedenfalls eines Tages ihren Siegeszug antreten, vielleicht inspiriert durch Schauberger.

STROMERZEUGUNG FÜR DEN HAUSHALT UND DEN HEIZUNGSBEDARF

Fantastisch sind auch die Perspektiven, was die Heizungsmöglichkeiten und den Strom für den Haushalt etwa angehen. Auch in dieser Beziehung wird die Raumenergie eines Tages ein gewichtiges Wort mitreden. Die Welt wird Kopf stehen, wenn mittels dieser neuen Energie tatsächlich Strom erzeugt werden kann. Die ewigen Probleme selbst in den fortschrittlichsten Ländern der Erde, eben die Erzeugung von Strom- und Heizenergie, werden von einem Tag auf den anderen der Vergangenheit angehören.

Zahlreiche künftige Wirtschaftskrisen könnten vermieden werden, wenn wir plötzlich in der Lage sein werden, Energie aus dem Raum selbst zu schöpfen. Die Konjunkturen in vielen Ländern der Erde würden angekurbelt werden, und ein weltweiter Boom ohnegleichen wäre die Folge.

Nolens volens würde den gegenwärtigen Energiemonopolisten ein empfindlicher Schlag versetzt werden. Da die Raumenergie eine "freie Energie" ist, wäre sie jedermann zugänglich. Die Menschheit würde sich aus den Ketten der ökonomischen Sklaverei zu einem Gutteil lösen können. Die Folgen - auch in sozialer und sozialpolitischer Hinsicht - wären kaum absehbar und würden zu einer vollständigen Umwälzung bestehender Machtstrukturen führen.

Jedoch allein die Vorstellung, Wärmeenergie zunächst nur für den Heizungsbedarf aus der uns umgebenden Luft zu gewinnen, würde bereits eine ökonomische Revolution auslösen. Bernd Schaffer arbeitet momentan genau an diesem Problem. Sein Ehrgeiz besteht darin, Raumenergie in Wärmeenergie umzuwandeln. Auch er verfügt bereits über Prototypen, sprich über die ersten Maschinen. Wann sie einsatzbereit sind, ist zum gegenwärtigen Zeitpunkt allerdings noch schwer zu beurteilen. (6)

Andere "Wärmekraftmaschinen" wurden bereits von Ridgeway Banks entwickelt, der mit Nitinol experimentierte, einer Legierung aus Nickel und Titan. Hierüber existiert sogar eine Abhandlung an der Technischen Universität Berlin aus dem Jahre 2002, Fakultät Prozesswissenschaften, Fachgebiet Thermodynamik. Auf einige dieser Forscher, Tüftler, Ingenieure und Bastler haben wir bereits in einem früheren Kapitel hingewiesen.

DIE GESUNDHEITSREVOLUTION

Ebenso aufregend ist es, wenn wir uns der Medizin zuwenden, auf die wir ansatzweise ebenfalls bereits aufmerksam gemacht haben. Wenige wissen, dass Professor Dipl. Ing. (Chemie) K. Lotz,

Mitglied des Forschungskreises für Geobiologie, längst handfeste Ergebnisse vorweisen kann, was das Thema Raumenergie und Gesundheit angeht.

Prof. Lotz, hauptamtlicher Dozent für Baubiologie in Biberach, gleichzeitig ein ausgewiesener Experte für Bauwesen und Wirtschaft, ließ es sich angelegen sein, in Langzeituntersuchungen auszutüfteln, was das Aquapol-Gerät für die Gesundheit leisten kann. Er benutzte dazu genaue Messmethoden (nach Dr. Hartmann), die von jedermann nachprüfbar sind.

Die Ergebnisse seiner Untersuchungen, die sich auf über 20 Jahre erstreckten, sind frappierend. Zunächst so viel: In Gebäuden, die von geologischen Störungen heimgesucht werden (Wasseradern!), ist die Feuchtigkeit normalerweise zwei- bis dreimal so hoch wie in Gebäuden, die nicht betroffen sind. Die Auswirkungen auf die Gesundheit sind mannigfaltig und reichen von Schlafstörungen bis hin zu Gelenkproblemen.

83 Prozent aller Befragten gaben an, in gesundheitlicher Hinsicht profitiert zu haben und etwa besser und ruhiger schlafen zu können. Weitere Ergebnisse waren ein angenehmeres, verträglicheres Hausklima und das Nachlassen von Gelenk- und Kopfschmerzen. Einige Befragte gaben an, Pflanzen wüchsen besser in der Nähe eines Aquapol-Gerätes.

Abgesehen von den (subjektiven) Untersuchungen stellte Lotz auch (objektive) Messungen an. So untersuchte er in regelmäßigen Abständen an verschiedenen Messpunkten eines Wasserlaufs den Körperwiderstand von 44 Personen. Das Ergebnis war erneut eindeutig: Der Körperwiderstand verbesserte sich, sobald ein Aquapol-Gerät installiert worden war. Unter anderem reduzierten sich Stresszustände.

Damit wurde erstmals der wissenschaftliche Beweis angetreten, dass das Aquapol-Gerät objektiv die Gesundheit von Betroffenen wiederherstellen oder verbessern kann. Die genauen Unterlagen, Untersuchungsmethoden, Grafiken, zahlenmäßigen Auswertungen,

Zeugen und so fort sind auch auf einer DVD gespeichert, die zusammen mit den Ausführungen von Prof. Lotz in unserem österreichischen Aquapol-Zentrum jederzeit eingesehen werden können.

Interessanterweise verändert sich durch das Aquapol-Gerät sogar der Luftionenhaushalt. Ionen, nur zu Erinnerung, sind elektrisch geladene Atome, Atomgruppen oder Moleküle. Man unterscheidet positiv und negativ geladene Ionen. Für den menschlichen Organismus sind die negativ geladenen Ionen gesundheitlich von Vorteil, wie man inzwischen weiß. Deshalb ist es beispielsweise gesünder, in einem Holzhaus zu wohnen als in einem Stahlgebäude, denn in einem Holzhaus überwiegen die negativen Ionen. Negative Ionen verursachen einen Anstieg des Blutfarbstoffes, sie sind für die Sauerstoffversorgung des Blutes wichtig und verbessern die Atemfrequenz. Auch der Stoffwechsel wasserlöslicher Vitamine steigt in der Gegenwart von negativ geladenen Ionen. Selbst der berühmte pH-Wert des Blutes verbessert sich - er wird basischer -, wenn negativ geladene Ionen ins Spiel kommen, was erneut zahlreiche gesundheitliche Vorteile mit sich bringt.

Als Prof. Lotz, mit einem entsprechenden Messgerät ausgestattet, die genauen Veränderungen im Ionenhaushalt von Organismen untersuchte, die durch das Aquapol-Gerät ausgelöst worden waren, stellte er fest, dass sich die Anzahl der negativ geladenen Ionen erhöht hatte. Mit exakten Messwerten, Grafiken, Schautabellen und genügend Testpersonen wurde also ein zweites Mal ohne Wenn und Aber etabliert, dass sich verschiedene gesundheitliche Werte mit dem Gerät verbessern lassen.

Selbst die Radioaktivität, über deren schädliche Auswirkungen wir an dieser Stelle nicht räsonieren müssen, wurde durch das Aquapol-Gerät zurückgefahren, eine Reduktion bis zu 7 Prozent wurde gemessen.

Zwei weitere Mediziner machten sich darüber hinaus um die gesundheitlichen Auswirkungen des Aquapol-Gerätes verdient: Dr. Herwig Rotter und Dr. Gertrud Hernarka (7). Die beiden Forscher hatten bereits zuvor in aufwendigen Felduntersuchungen die negative Auswirkung von "Erdstrahlen" etabliert. Ihre Patienten schliefen schlecht, Heilungen gingen nur langsam vonstatten, ja sogar Krebs konnte offenbar durch Erdstrahlen hervorgerufen oder gefördert werden. Selbst Pflanzen wuchsen nachweislich schlechter.

Natürlich interviewten wir auch selbst zahlreiche unserer Kunden persönlich. Auch hier war das Ergebnis eindeutig: Das körperliche Wohlbefinden verbesserte sich durch das Aquapol-Gerät - im Durchschnitt nach anderthalb Jahren. Wunder nimmt das nicht, stellt man in Rechnung, dass ein Gebäude nach der Installation des Aquapol-Gerätes eine geringere Feuchtigkeit aufweist und den Modergeruch verliert. Moder und Pilze können jedoch zu Erkrankungen führen. Gesundheitliche Beschwerden verbesserten sich jedenfalls, vor allem der Rückgang von Gelenkentzündungen wurde festgestellt.

Auch diese Ergebnisse wurden systematisch dokumentiert und sind per DVD einsehbar. (8)

Im Übrigen wurden die gesundheitlichen Vorteile der Raumenergie an dieser Stelle nur angetippt. Wenn tatsächlich Energie aus dem Raum gewonnen werden kann, wird die gesamte Medizin einen immensen Sprung nach vorn machen, in den verschiedensten Bereichen. Man denke nur an all die Behandlungen, bei denen "Strahlen" von Bedeutung sind, an Laseroperationen und vieles mehr. Der Fantasie sind tatsächlich keine Grenzen gesetzt.

DIE RAUMENERGIE-REVOLUTION

Wenn Historiker den Lauf unserer gesamten Geschichte zu beurteilen versuchen und sich bemühen, wichtige Perioden der "Höherentwicklung" und der "Durchbrüche" mit spitzer Pinzette herauszugreifen, weisen sie ausnahmslos darauf hin, dass die Industrielle Revolution im 18. und 19. Jahrhundert einen entscheidenden Einschnitt in der Menschheitsgeschichte darstellte.

Und so viel ist richtig: Die Umwälzungen, die dazumal die Erfindung der Dampfmaschine mit sich brachte, waren gewaltig, gewissermaßen blieb kein Stein auf dem anderen.

Plötzlich wurde ein neues Zeitalter eingeläutet, eine neue Ära begann, völlig neue Möglichkeiten eröffneten sich und das Gesichtsfeld weitete sich unendlich.

Eine weitaus größere Umwälzung steht uns jedoch bevor, sobald Geräte existieren, die die Raumenergie in Strom umwandeln können. Unsere gesamte Wirtschaft wird sich daraufhin drastisch verändern, sie wird einen Höhenflug ohnegleichen antreten. Der Beginn eines neuen, vielleicht grandiosen Jahrtausends steht mit der Nutzung der Raumenergie vor der Tür. Plötzlich werden Länder und Industrien, Gruppen und Individuen über eine saubere, "grenzenlose" Energiequelle verfügen. Wenn sich das Wissen durchsetzt, dass Energie überall zum Nulltarif vorhanden ist, werden Monopole verschwinden und Bankiers Erfindungen, die allen gehören sollten, nicht mehr zu ihrem persönlichen Vorteil ausnutzen können. Die Teslas von morgen werden von keinen Morgans oder Rockefellern mehr abhängig sein.

Eine Energieform, die 24 Stunden am Tag vorhanden ist, 365 Tage im Jahr, eine Energie, die überall zu finden ist und die man nur anzuzapfen braucht, wird zahlreiche Parameter ändern, die wir bislang als gottgegeben annahmen. Selbst die erneuerbaren Energien, wie die Wind-, Solar-, Wellenkraft- und Wasserstofftechnologien, die Photovoltaik und die Methode, aus Abfall Energie zu gewinnen, werden plötzlich alt aussehen, denn sie sind in der Anschaffung relativ teuer und nicht 24 Stunden am Tag/365 Tage im Jahr vorhanden. Immerhin schonen sie die Umwelt in einem gewissen Ausmaß. Aber selbst sie lösen nicht den Energiehunger und die Energiegier der größten Energieverbraucher: der Industrie und des Verkehrs.

Die Raumenergie dagegen, eben weil sie so preiswert ist, könnte selbst die hartnäckigsten Probleme der Menschheit lösen.

Bringen wir die Sache auf den Punkt. Die Raumenergie kann bereits dies leisten:

- Sie kann bei Energieeinsparungen helfen, kann
- Gebäude trocken legen,
- Landschaften befeuchten und die
- Gesundheit in vielen Fällen erhöhen oder wiederherstellen.

Sie wird dies leisten können:

- Sie wird Sprit für Autos und Fahrzeuge zur Verfügung stellen sowie
- Treibstoff für Flugzeuge und Flugkörper, auch für Schiffe und Raumschiffe,
- sie wird Heizungsenergie, Wärmeenergie und Energie für den Haushalt kreieren und
- Strom für die Industrie und den Verkehr zur Verfügung stellen.

Die Perspektiven, die wir in diesem Kapitel nur ansatzweise angedeutet haben, umfassen praktisch alle Wirtschaftszweige. Viele Anwendungsmöglichkeiten haben wir nicht einmal aufgelistet, der Umfang dieses Buches verbietet es. Aber der Leser selbst ist aufgerufen, Sie sind aufgerufen, sich einmal vorzustellen, was Sie alles in die Wege leiten könnten, wenn Sie über kostenfreie Energie in unbegrenztem Ausmaß verfügen würden ...

Getoppt werden all diese Perspektiven tatsächlich nur dann, wenn wir den Blick in den Himmel und den Weltraum richten. Wenn man das Thema Raumenergie "weiterdenkt", gelangt man notwendigerweise wieder hinaus in den Weltenraum, an den Ort, von dem aus die Raumenergie ursprünglich ihren Anfang nahm.

Dort sind die Perspektiven freilich noch atemnehmender. Versuchen wir also einmal, Gott selbst in die Karten zu schauen, wie das ein Poet einst so schön ausdrückte, als er von den Entdeckungen Galileis, Newtons und Einsteins sprach.

- 14 -
Galaktische Dimensionen

Es ist bis heute unbegreiflich, warum Forscher nicht intensiver die Natur selbst, planetenweite Wetterphänomene und den Weltenraum genauer beobachten und konkrete Schlüsse daraus ziehen, was das Thema *Energie* angeht.

Energiephänomene auf der Erde, "Himmelserscheinungen" und Wirbelstürme rund um unseren Planeten mit ihren zahlreichen Facetten sind nicht nur zerstörerisch, sondern auch lehrhaft. Energiephänomene auf unserer Erde, in unserem Sonnensystem und in unserer Galaxis müssten unvorstellbar genau 1. beobachtet werden, und es müssten 2. konkrete Anwendungsmöglichkeiten daraus zumindest theoretisch ins Auge gefasst werden. Sprich die Planeten selbst, Sonnen, Sonnensysteme und Galaxien, vom Wetter auf der Erde ganz abgesehen, geben uns eigentlich zahlreiche "Tipps", in welche Richtung wir uns bewegen müssen, wenn wir dem Geheimnis Energie auf die Spur kommen wollen. Letztlich handelt es sich bei dem Weltenraum mit all seinen Planeten und Sonnen ja um nichts anderes als um uralte Energien, um die Manifestationen unglaublicher Kräfte. Es wurde uns also längst vorexerziert, "wie es geht" und was die intelligentesten Methoden sind, Energie zu schaffen und mit Energie umzugehen. Schon Leonardo da Vinci war klug genug, bei all seinen schier unendlich vielen Erfindungen zunächst einmal die Augen aufzumachen und wie ein Adler zu beobachten. Gönnen wir uns einen kleinen Exkurs.

DAS GEHEIMNIS EINES UNIVERSALGENIES

Jeder von uns kennt und respektiert Leonardo da Vinci, der mit seiner "Mona Lisa" und dem "Letzten Abendmahl" zwei der berühmtesten Gemälde der Welt schuf. Aber Leonardo entwarf auch Kanalbauten und kriegstechnische Einrichtungen, Schloss- und Gartenanlagen, Dome und herrschaftliche Bauten, Grabanlagen und mehrgeschossige Straßen. Er war als Architekt tätig, forschte weiter auf den Gebieten Aerologie, Anatomie, Botanik, Geologie, Hydrologie, Mechanik, Optik und Zoologie. Er befasste sich mit Fragen zu den Kräften der schiefen Ebene ebenso wie mit der Frage des Perpetuum mobile, eines Gerätes also, das scheinbar ohne Energie auskommt und sich selbsttätig bewegt. Er beschäftigte sich mit Bewegungs- und Hebelgesetzen. Er beobachtete Wasserwellen und die wellenförmige Ausbreitung von Tonschwingungen. Er erforschte die Gesetzmäßigkeit bei der Reflexion von Wärmestrahlen. Er beschrieb die Umkehrung des natürlichen Bildes im menschlichen Auge. Leonardo konstruierte darüber hinaus eine Fülle von Geräten und Maschinen: Brennspiegel, Drehbänke, Druckpumpen, Kräne, Schleudern, Schrauben ohne Ende, Spinnmaschinen, Stechheber, Taucherglocken und vieles mehr.

Er fertigte hunderte von anatomischen Zeichnungen an, beschrieb den Herz- und Blutkreislauf, die Lage der Muskeln und jeden Knochen des menschlichen Organismus. Da Vinci entwarf Landkarten, versuchte, Vergrößerungsgläser anzufertigen, um den Mond besser beobachten zu können, und dachte intensiv über die Erdanziehungskraft nach. Er entdeckte fossile Meerestiere auf gebirgigen Erhebungen und schlussfolgerte haarscharf, dass selbst auf Bergen einst Wasser existiert haben musste. Er beobachtete den Vogelflug so genau wie kein Zweiter, um Fluggeräte zu entwickeln. Er erfand den ersten Fallschirm, baute bereits eine Art Roboter, visionierte immer wieder Flugzeuge und entwickelte alle möglichen Geräte. Tatsächlich handelte es sich bei diesem Mann um die vielleicht universell gebildetste Persönlichkeit, die je existierte. (1) Aber was war sein Geheimnis?

Nun, Sie haben es bereits erraten: Leonardo da Vinci beobachtete wie kein Zweiter. Selbst als er sein berühmtes "Abendmahl" entwarf, streifte er wochenlang durch Mailand, um Personen ausfindig zu machen, deren Gesichtszüge ihm als Vorbild für seine Apostel dienen konnten. Um menschliche Körper besser und genauer darstellen zu können, schnitt er sogar Leichen auf, nur um zu sehen, wie die Muskeln und Sehnen unter dem Fleisch gelagert waren. Auf einen plakativen Nenner gebracht: Leonardo kultivierte die Kunst der Beobachtung wie niemand sonst. Er schaute einen Gegenstand lange, sehr lange an. Immer wieder. Aus unterschiedlichen Entfernungen. Und von allen Seiten. Er beobachtete stundenlang, wie sich Wasser verhielt, wann es sich kräuselte, Wellen schlug und welche Farbabstufungen die Wellen hatten. Er beobachtete riesige Massen/Energien genauso wie kleinste Details. Und so kann zumindest theoretisch jeder von uns ein wenig Genie spielen, wenn er nur sehr genau und unablässig beobachtet. (2)

Nutzen wir diese Beobachtungsgabe einmal, wenn es um das Thema Energie geht.

ENERGIEQUELLE WASSER

Seit buchstäblich Tausenden von Jahren stellt Wasser nicht nur eine Energiequelle für den Menschen dar, die Leben manchmal überhaupt erst ermöglicht, weiter birgt das Wasser offensichtlich Eigenschaften in sich, die bis heute nicht vollständig erforscht sind. Wasser verfügt über eine Selbstreinigungskraft, die erstaunlich ist - wobei sich verwirbeltes Wasser schneller und besser reinigt als stehendes Wasser. Wir sollten also auch dem Phänomen des Wirbels unsere Aufmerksamkeit schenken.

Wagt man einen Blick in die Galaxis, so entdeckt man dort interessanterweise ebenfalls immer wieder Wirbel. Ganze Galaxien sind in Form von Wirbeln angelegt - ein Umstand, der uns zu denken geben sollte. Weiter gibt es zahlreiche physikalische Erscheinungen des Wirbels auf der Erde. Es gibt Wirbelstürme, Strudel, Wasserwirbel und Luftwirbel aller Art - hier können die Wirbelbewegungen von unten nach oben oder von oben nach unten führen, wie beim Tornado etwa. Auf unserem Kopf wachsen Wirbel, ein Schneckenhaus besitzt Windungen, Muscheln verfügen manchmal über Wirbel, unsere DNA (= die genetischen Instruktionen) ist wirbelförmig angelegt und so weiter.

Was weiter schier unglaublich, jedoch längst zweifelsfrei bewiesen ist, ist zudem der Umstand, dass Wasser, das verwirbelt, einen Energiezuwachs erfährt! Außerdem löst ein dünner, schneller Wasserstrahl Lichteffekte aus und eine hohe elektrische Spannung. Das alles sind Phänomene, die zum Nachdenken Anlass geben sollten. (2)

Es gibt allerdings auch höchst umstrittene "Erfinder" in puncto Wasser, wie der Fall Stanley Meyer etwa bewies.

STAN MEYER

Meyer behauptete, ein Auto allein mit einer "Water fuel cell" speisen zu können. Als "fuel cell" wird jedes Gerät bezeichnet, das chemische Energie direkt in elektrische Energie umwandeln kann. Meyer gab kund, auf neue, unkonventionelle Art und Weise den Wasserstoff und den Sauerstoff des Wassers voneinander trennen zu können. Er verkündete weiter, mithilfe des getrennten Wasserstoffes könne er in der Folge Energie kreieren. Die Presse stand eine Weile Kopf und berichtete begeistert über das Phänomen - bis Meyer eines Tages vor den Kadi zitiert wurde. Seine *Water fuel cell* wurde von drei Experten untersucht, die feststellten, dass Meyer Falschaussagen gemacht hatte, um Investoren anzulocken. Schlussendlich musste Meyer 25.000 $ Strafe zahlen. Die Anhänger Meyers behaupten dagegen bis heute, dass er tatsächlich einem Energiegeheimnis auf die Spur gekommen sei und er am Ende seines Lebens sogar ermordet wurde, damit seine Erfindung nicht das Licht der Welt erblicken konnte. (3) Die Begeisterung für seine Ideen hält bis heute an.

WASSER-GURUS

Nicht nur Heiler in reicher Zahl machten immer wieder auf die Besonderheiten des Wassers aufmerksam, sondern auch Erfinder und Tüftler.

Selbst die Presseschlacht um Stan Meyer konnte und kann nicht verhindern, dass sich sehr ernsthafte Forscher immer wieder mit dem Wasser als Energiequelle befassen. Betrachtet man offenen

Auges all die Ozeane auf Planet Erde, so sieht man sich grundsätzlich einer riesigen Energiequelle gegenüber. Sobald es gelingt, Wasser in höherem Maße zu kontrollieren, als das heute der Fall ist, wird sich erneut eine Energieschleuse öffnen.

Offenbar warten noch einige Erkenntnisse auf uns, was das Wasser angeht, speziell wenn Wasserwirbel im Zusammenhang mit der Raumenergie betrachtet werden. Wir gehen davon aus, dass uns in dieser Richtung schon in naher Zukunft hochinteressante Forschungsergebnisse ins Haus stehen. Der letzte Richter wird indes immer die Praxis bleiben.

Doch verweilen wir noch einen Augenblick bei den rätselhaften Wirbeln.

FASZINIERENDE WIRBELSTÜRME

Bis heute hat weder der Physiker noch der Wetterfrosch für einige Wirbelphänomene eine gute, zufriedenstellende Erklärung parat. Physiker können nach wie vor bestimmte Wirbelphänomene nicht deuten und nicht berechnen. Und Meteorlogen stehen Wirbelstürmen, wie Taifunen oder Hurrikanen, immer noch mit einer Mischung aus Ohnmacht und Bewunderung gegenüber, sie können nicht einmal mit vollständiger Sicherheit ihre Bahnen vorausberechnen. Mit 400 Kilometern pro Stunde rasen Wirbelstürme manchmal über Wasser oder Land, wobei sie ihre Richtung ändern können.

Aber was sind eigentlich die Ursachen für Wirbelstürme? Indianer sehen in Hurrikans bis heute einen “bösen Geist” am Werk. Wissenschaftler dagegen weisen auf die Luftdruckunterschiede, die Temperaturdifferenzen und die Wasser der Ozeane hin und sehen in ihnen die Auslöser für Wirbelstürme.

Aber nicht erklärbar ist bis heute die *ansteigende Dynamik* bestimmter Wirbelstürme. Oft nehmen sie gewaltig an Stärke zu. Sie katapultieren Fahrzeuge in die Höhe, reißen ganze Häuser nieder oder werfen sie wie Spielzeuge hoch in die Luft, sie peitschen das Meer auf und führen zu Überschwemmungen, sie töten Tausende von Menschen und mähen alles nieder, was sich ihnen in den Weg stellt. Woher, so kann man ganz unschuldig fragen, stammen diese enormen, *zusätzlichen* Kräfte?

Unserer Ansicht nach könnte auch hier die Raumenergie eine Rolle spielen. Vielleicht fließt in diese Wirbelstürme Raumenergie ein, so könnte man jedenfalls theoretisieren. Jedenfalls macht erst eine zusätzliche Energie Wirbelstürme zu diesen gefährlichen Monstern.

Selbst das Phänomen der Staubwirbel in Wüsten ist bis heute nicht wirklich geklärt. Die Luft wird in diesem Fall ebenfalls spiralförmig beschleunigt. Es gibt bis zu 60 Meter hohe Sandstürme, die so viel Kraft besitzen, dass sie sogar den Lack von Autos abschmirgeln können. Aber woher nehmen Staubwirbel und Sandstürme ihre Energien, was speist sie, wie, von wem, wodurch werden sie "angetrieben"?

Wasserhosen über Seen und Meeren, vor allem in den Tropen, wirbeln Wasser ebenfalls spiralförmig nach oben, in einem spektakulären Fall wurde eine Höhe von 15.000 Metern gemessen. Eine Wassersäule besitzt jedoch ein Gewicht von einer Million Tonnen - mehr oder weniger! Woher stammen also diese gigantischen Kräfte, die eine Million Tonnen bewegen können?

Unserer Meinung nach ist auch hier das fehlende Teil im Puzzle die freie Energie, die Raumenergie, die in diese Wirbelsysteme einfließt.

Bewiesen ist das selbstverständlich nicht, aber die Theorie der Raumenergie oder einer zusätzlichen Energie, die zweifelsfrei existieren muss, erhält durch solche Phänomene neue Nahrung.

Schauen wir uns noch ein wenig weiter in der Natur um.

DIE GEWALTIGEN KRÄFTE DER BLITZE

Bei den alten Griechen und Römern galten Blitze als Energien, mit denen der Göttervater nach Belieben umspringen konnte. Zeus (wie er bei den Griechen hieß) oder Jupiter (so nannten ihn die Römer) vermochte offenbar nach Belieben gewaltige Energien auf die Erde zu schleudern, ein Grund, warum er oft mit einem Blitz in der Faust dargestellt wurde. Übermächtige Wesen befanden sich also offenbar im Besitz riesiger Energien.

Jahrhunderte, ja Jahrtausende lang duckten sich die Menschen ängstlich in ihnen Behausungen, wenn ein Unwetter tobte und Blitze niederfuhren.

Als Benjamin Franklin (1706-1790) auf den Plan trat, der große US-amerikanische Staatsmann und Erfinder, wurde der zerstörerischen Gewalt von Blitzen zumindest zu einem gewissen Grad Einhalt geboten, denn er entwickelte den Blitzableiter. Franklin bewies, dass Blitze elektrischer Natur sind, und unterschied genau zwischen positiven und negativen Ladungen. Blitze wurden auf einmal verständlicher, zumindest ihr Verlauf konnte teilweise beeinflusst werden. Der Mensch begann, über die Götter zu triumphieren. Heute weiß man, dass es bei Blitzen zu ungeheuren Entladungen kommt. Physiker stellten fest, dass die Ladungsunterschiede zwischen dem Himmel und der Erde, zwischen den Wolken und dem Boden, für Blitze verantwortlich sind.

Aber höchst bemerkenswert ist erneut dieser Umstand: Sobald die Blitzenergie auf dem Boden auftrifft, ist sie um ein Vielfaches stärker als die Energie, die auf den ursprünglichen Ladungsunterschied zurückzuführen ist. Auch hier sehen wir uns also dem Phänomen einer *zunehmenden* Energie gegenüber. Erneut erhebt sich die Frage, ob nicht eine weitere Energie, die Raumenergie eben, eine entscheidende Rolle bei diesem Himmelsspektakel spielt. Es ist nicht auszuschließen und jedenfalls unsere Theorie, dass in diese Blitze Raumenergie einfließt, die ihre Wirkung vervielfacht.

Fest steht jedenfalls, dass auch in diesem Fall zusätzliche Kräfte am Werk sein müssen.

Begeben wir uns nun in ein Raumschiff und betrachten wir von einem komfortablen Blickwinkel aus die gesamte Erde einmal von "oben".

DAS WACHSTUM DER ERDE

Wenn wir von außen die Erde beobachten, unseren blauen Planeten, erkennen wir sehr leicht, dass auch hier konkrete physikalische Kräfte am Werk sein müssen, die die Erde in ihrer Umlaufbahn um die Sonne halten und den Mond um die Erde wandern lassen.

Über die Entstehung von Sonnen, Planeten und Monden gibt es so viele Theorien, dass man nur staunen kann. Erst kürzlich, im Jahre 2013, wurden fünf neue Theorien zu der Entstehung unseres Mondes aus der Taufe gehoben. (5)

Was also wissen wir wirklich, was die verschiedenen Energien und Kräfte angeht? Nun, über die Entstehung des Universums sowie der Sonnen und Planeten wird nach wie vor gerätselt, wenn auch bestimmte Theorien heute mit Zähnen und Klauen verteidigt werden, die morgen jedoch schon wieder passé sein können. Wir wissen nur mit absoluter Sicherheit, dass unsere Erde jedes Jahr an Umfang zunimmt und "wächst". Der Grund hierfür sind äußere Einflüsse. Der Einschlag von Meteoriten, Staub aus dem Weltraum, die Existenz der Sonnenenergie - all das spielt hierbei eine Rolle. Der wichtigste Grund ist offenbar die Ausdehnung des Erdkerns. Am Äquator wächst jedenfalls die Erde jährlich um rund 25 Zentimeter. Das

Wachstum der Erde insgesamt betrug in den letzten 200 Millionen Jahren etwa 70 Prozent. Vor endlos langer Zeit verfügte unser blauer Planet nur über relativ kleine Ozeane, die Landfläche im Verhältnis zur Wasserfläche war jedoch größer als heute. Untersuchungen zufolge hat sich die Erde in ihrer Ausdehnung inzwischen vervierfacht.

Unserer Ansicht nach liegt der wahre Grund für das Wachstum der Erde erneut in der Existenz der Raumenergie. Die Raumenergie, mit ihrem wandelbaren Charakter, trägt offenbar zu der Ausdehnung unseres Planeten bei. Sie gibt aller Wahrscheinlichkeit nach Energien ab, die sich in der Folge zu Materie verdichten - so jedenfalls unsere These.

DAS GEHEIMNIS DER GRAVITATION

Die Erde selbst befindet sich aufgrund der gewaltigen gravitatorischen Kräfte der Sonne auf einer Umlaufbahn um die Sonne, so nimmt man heute jedenfalls an, es ist Lehrbuchphysik. Die Erde ihrerseits hält aufgrund ihrer Anziehungskraft den Mond in ihrem Bann, verursacht aber auch, dass Meteoriten je und je auf sie einschlagen.

Auch was diese *Gravitation* angeht, gibt es zahlreiche Theorien, 70, 80 vielleicht sogar 90 an der Zahl. Nach wie vor wird fieberhaft nach dem "Grund" für die Gravitation gefahndet, seit mindestens ein paar Jahrhunderten. Fügen wir eine weitere These hinzu: Unserer Meinung nach sollte man ernsthaft darüber nachdenken, ob die Gravitation nicht nur ein Ausfluss und gewissermaßen eine Erscheinungsform der Raumenergie ist. Wenn wir eine (theoretische) Energiepyramide annehmen, an deren Spitze die kosmische Urenergie, die Raumenergie, steht, die allen anderen Energieformen übergeordnet ist, so geht sie in unserem Erklärungsmodell in der Folge Verbindungen ein und verwandelt sich. Sie kommt mit den drei statischen und den drei dynamischen Energieformen, die wir bereits vorgestellt haben, in Kontakt. In diesem Sinne könnte selbst die Gravitation oder die Schwerkraft nur ein *Produkt* eben dieser Urenergie sein. Die Raumenergie würde in diesem Fall mit der Erde, mit der Materie, eine Wechselwirkung eingehen und sich zu anderen Energieformen umwandeln, wie ein Chamäleon. Dabei wären bestimmte Substanzen und Wellen dieser Umwandlung förderlicher als andere.

Verweilen wir noch einen Augenblick lang bei diesem neuen Erklärungsmodell.

Die Differenz zwischen der in die Erde eindringenden Urenergie und der austretenden Urenergie ergäbe bei diesem angenommenen Szenario physikalisch gesehen eine Schubkraft, die uns sozusagen auf die Erde drückt.

Mit anderen Worten: Wir könnten eigentlich nicht mehr von einer Anziehungskraft sprechen, sondern müssten (zumindest gleichzeitig) eine Druckkraft annehmen.

Die Urenergie selbst erführe in diesem Modell bei der Durchdringung der Erde eine Abschwächung und träte wie gesagt in reduzierter Form auf der Erdoberfläche wieder aus. Falls diese These richtig ist, werden schätzungsweise fünf bis zehn Prozent der Urenergie oder Raumenergie von der Erde absorbiert und in andere Energieformen umgewandelt. Hierzu würden der Geo-Magnetismus und der Geo-Gravomagnetismus zählen, die alle ihr genaues Frequenzspektrum besitzen. Wir haben auf diese neuen Energien bereits an früherer Stelle aufmerksam gemacht.

Unseres Erachtens sollte man diese Theorie und dieses Erklärungsmodell zumindest in Erwägung ziehen, selbst wenn es die gesamte Schulphysik auf dem Kopf stellt. Erlauben wir uns eine Wiederholung: Schwerkraft wäre in diesem Fall eine Ausformung, eine Variante, ein Ausfluss der Raumenergie, durch Schub- oder Druckkraft entstünde die Gravitation (oder sie würde zumindest durch sie unterstützt).

DIE KRÄFTE DES UNIVERSUMS

Selbst unsere Gezeiten, Ebbe und Flut, die nach gängiger Lehrmeinung durch die Masse des Mondes beeinflusst und ausgelöst werden, müssten neu evaluiert werden, vielleicht spielt die Raumenergie hierbei ebenfalls eine Rolle.

Alle Kräfte innerhalb unseres Universums wären grundsätzlich einer radikal anderen Betrachtungsweise zu unterziehen. Natürlich wissen wir, dass unsere Thesen "starker Tobak" sind, um das Mindeste zu sagen, sie sind nicht leicht verdaulich. Aber selbst für den Skeptiker handelt es sich hierbei möglicherweise um interessante Arbeitshypothesen. Wenn wir in diesen neuen Gleisen denken, müssen wir auf jeden Fall vollständig umdenken lernen, es würde in den Gebälken unserer Gehirne knirschen und ächzen. Aber die Menschheit konnte sich auch nur mit Mühe daran gewöhnen zuzugeben, dass die Erde eine Kugel ist und keine Scheibe, auf deren Rand man angeblich "herunterfallen" konnte.

Als die Elektrizität entdeckt wurde, änderte sich das grundsätzliche Verständnis des Menschen, was das Phänomen *Energie* anging. Und als gar die Kernspaltung Realität wurde, musste erneut völlig umgedacht werden.

Doch noch einmal: Es handelt sich hierbei um nichts als um eine Arbeitshypothese, deren Wert letztendlich daran gemessen werden wird, ob sie Resultate in der Praxis zeitigen kann. Wenn eines Tages ein Erfinder aufsteht und behauptet, eine neue, bessere, billigere Energie für Raumfahrzeuge entdeckt zu haben, wird er nur dann Anerkennung finden, falls Raumschiffe mithilfe seiner neuen Energie danach schneller und preiswerter den Raum durcheilen können.

Aber es wäre mehr als ein Gedankenexperiment und mehr als eine Berechnung wert, einmal von einer "Raumenergie", die ganz unzweifelhaft existiert, auszugehen, sie an die Spitze aller existierenden Energien zu setzen und auch in Bezug auf Sonnensysteme, Galaxien und den Weltraum in Richtung eines anderen Weltbildes zu denken, selbst wenn es uns momentan noch so "seitenverkehrt" und abstrus erscheint.

Fest steht, wir müssen in vollständig neuen Bahnen denken lernen, wenn uns der nächste Durchbruch in Sachen Energie gelingen soll. Wir müssen alte Weltbilder hinterfragen und nicht in die Aristoteles-Falle tappen, die darin bestand, den griechischen Philosophen 2000 Jahre lang unbesehen nachzubeten.

So weit, so gut! Natürlich könnten wir auf diese Weise noch viele Planetenumdrehungen lang durch den schwarzen Raum streifen und wahrscheinlich zwanzig neue "Physiken" erfinden, ein Wort, für das es eigentlich keinen Plural gibt. Es ist jedoch nicht undenkbar, dass in den Milliarden von Galaxien, die existieren, durchaus auch unterschiedliche "Physiken" anzutreffen sind, die eben nicht alle nach genau den "Gesetzen" funktionieren, die wir uns bislang so schulbuchmäßig brav zurechtgelegt haben. Noch hat kein Mensch den Fuß auf einen anderen Planeten gesetzt, noch sind wir nicht einmal über unser kleines, bescheidenes Sonnensystem hinausgelangt. Weiter ist die "Einstein-Barriere" noch nicht wirklich überwunden und widerlegt. Einstein behauptete vormals, dass sich nichts schneller als das Licht bewegen könne – wogegen heute schon die ersten ernst zu nehmenden Physiker lautstark Einspruch erheben.

Was auch immer die Ergebnisse von morgen sein werden, bei Licht betrachtet stehen wir momentan am Anfang einer völlig neuen Physik und sogar einer neuen Kosmologie. Zumindest sehen wir uns einem revolutionären Konzept von "Energie" gegenüber.

Das aber führt uns zu unseren wichtigsten Ausführungen über die Raumenergie.

- 15 -
Zur momentanen Energiesituation auf Planet Erde

Längst pfeifen es die Spatzen von den Dächern: Die Energiesituation auf Planet Erde ist verfahren, um das Mindeste zu sagen. Wir brauchen händeringend eine neue, preiswerte, saubere Energie. Betrachten wir uns einige Details.

INSIDERINFORMATIONEN RUND UMS ÖL

Was den Energieverbrauch weltweit angeht, so ist nach wie vor Öl die Nummer 1. Rund 40 Prozent aller Energie oder etwa 87 Millionen *Barrel* Öl (Barrel = Fass, etwa 159 Liter Öl) werden täglich auf Planet Erde verbraucht. Die größten Ölverbraucher sind 1. die USA, 2. China, 3. Japan und 4. Deutschland. Am meisten schlucken das schwarze Gold in Deutschland Kfzs, Lkws, Flugzeuge und Schiffe (44 Prozent). Die chemische Industrie, die Öl als Grundstoff verwendet - für Düngemittel, Kunststoffe, Gummimaterialien, Textilien, Kosmetika und Medikamente etwa -, schlägt mit 25 Prozent zu Buche. An dritter Stelle steht erst das Heizöl (12 Prozent).

Die Dramatik besteht darin, dass der Öl-Weltverbrauch ständig zunimmt, bis 2050 wird sich der Bedarf verdoppelt haben. Gleichzeitig gehen unsere weltweiten Ölvorräte zur Neige, wenn auch die genauen Zahlen variieren und sich zahlreiche Verschwörungstheorien rund um das Thema Ölknappheit ranken. Die meisten Experten gehen jedoch davon aus, dass sich das Ölzeitalter auf jeden Fall seinem Ende entgegen neigt. Fest steht weiter, dass die Preise für Benzin und unsere Heizkosten unaufhörlich steigen werden.

Ein ganz anderes Thema sind die zahlreichen Katastrophen, die auf die Ölförderung zurückzuführen sind. 2010 explodierte im Golf von Mexiko eine von BP betriebene Plattform, ein Brand folgte, die Plattform sank, mehr als 800.000 Liter Öl traten aus. Millionen von Tieren starben, die Flora in den umliegenden Staaten wurde an den Küsten verseucht. Aber das ist nur ein einziges Beispiel. Die Umweltschäden, durch Öl verursacht, sind kaum mehr seriös messbar und könnten zehn Schwarzbücher füllen.

Nicht gesprochen haben wir dabei von den zahlreichen Kriegen, die rund um das Öl geführt wurden (und werden). Weiter sind die Monopolisierungsversuche und Verbrechen von Ölbaronen wie Rockefeller & Co. mittlerweile sattsam bekannt.

WAS ÜBER DIE KOHLE NICHT BEKANNT IST

An zweiter Stelle steht die Kohle, was die weltweite Energieversorgung angeht. 24,4 Prozent gewinnen wir aus der Kohle. Die fünf größten Kohleverbraucher sind 1. China, 2. die USA, 3. Indien, 4. Australien und 5. Russland.

Aber auch die Kohle ist kein Dauerbrenner. In Indien und China geht man davon aus, dass in Kürze der zehnfache Verbrauch gegeben sein wird, aufgrund der aufstrebenden, riesigen Volkswirtschaften. Kein Wissenschaftler wagt deshalb heute, "mit absoluter Sicherheit" vorauszusagen, wie lange uns die Kohle als Energielieferant noch erhalten bleiben wird. Weiter geht auch das Sündenregister der Kohle auf keine Kuhhaut. Es gibt Katastrophen bei der Förderung, beim Transport, bei der Nutzung sowie horrende Folgeschäden. Manchmal werden ganze Landschaften zurückgelassen, die danach wie Mondkrater aussehen.

Bei der Verbrennung der Kohle wird außerdem Kohlendioxid freigesetzt, CO2, ein geruchloses, farbloses, unbrennbares Gas, das in die Luft und in die Atmosphäre gelangt und dort sein Unwesen treibt. Die Umweltverschmutzung ist fantastisch, weiter sind die gesundheitlichen Schäden der Arbeiter, die in Kohlegruben schuften, gut dokumentiert. Klimaforscher mahnen zudem, dass die Nutzung der Kohle zur Erderwärmung führen könnte. Das Ergebnis wären schmelzende Gletscher, ein Anstieg des Meeresspiegels, Wetterextreme, Überschwemmungen und Dürren. Aber man braucht nicht einmal dieses Horrorszenario in Rechnung zu stellen. Wer einmal systematisch recherchiert hat, unter welch unmenschlichen Bedingungen Kohle nach wie vor abgebaut wird, etwa in China, kann sich nur mit Schaudern von dieser Art von Energie abwenden.

GAS GEBEN?

Viele Verfechter der alten Energiequellen heben deshalb zunehmend das Gas in die Diskussion. Experten gehen davon aus, dass Gas noch mehr als 60 Jahre lang weltweit zur Verfügung steht. Aber da Gas zunehmend an Beliebtheit gewinnt, kann man davon ausgehen, dass uns weit früher ein Gasengpass ins Haus steht. Importiert und genutzt wird Gas vor allem in 1. US-Amerika, 2. Deutschland und 3. in Japan.

Was die Menschen erzürnt, ist der Umstand, dass die Gaspreise gewöhnlich an den Ölpreis gekoppelt werden, sprich wenn Öl teurer wird, steigen automatisch auch die Gaskosten.

Auch die Umweltschäden sind beträchtlich. Im Jahre 2009 wurde erstmals der breiten Öffentlichkeit bekannt, dass bei der Erdgasförderung jedes Jahr Millionen von Tonnen radioaktives Material entstehen. Die Entsorgung für diese hochgiftigen und extrem langlebigen Substanzen ist nach wie vor ein Problem. In einigen Ländern der Erde, wie in Kasachstan, wurden bereits ganze Landstriche verseucht. Im Kreuzfeuer der Kritik steht auch das sogenannte *Fracking,* eine Methode, um Gas zu gewinnen, bei der hochgiftige Chemikalien das Wasser kontaminieren und Trinkwasser ungenießbar wird. Auch die Luft ist betroffen. Gesundheitsprobleme bei Menschen und Tieren sind die Folge.

ATOMKRAFT? NEIN DANKE!

Keine Energie besitzt ein so schlechtes Image wie die Atomkraft, die besonders 1. in Frankreich und 2. in den USA genutzt wird, aber auch in 3. Russland und in 4. Japan. Unglücke in Reaktoren (unter anderem in den USA, in Japan und in der Ukraine (Stichworte: Tschernobyl, Fukushima)) bewiesen die entsetzlichen Gefahren, die selbst mit friedlich genutzter Kernenergie einhergehen.

Verzichten wir darauf zu beschreiben, was passiert, wenn ein Organismus der Radioaktivität ausgesetzt ist - das Schicksal ist entsetzlich. Tod und Krankheiten wie Krebs und Leukämie befinden sich unter anderem im Gefolge von Strahlenschäden. Weiter werden Abwässer und die Luft verseucht, von den unglaublichen Problemen bei der Endlagerung von abgebrannten Brennelementen ganz abgesehen.

ENERGIE AUS WASSER

Auf einem weitaus überlebensfreundlicheren Niveau befinden sich die alternativen Energien. Zu den alternativen Energien zählt unter anderem die Wasserkraft. 18 Prozent des weltweit produzierten Stroms stammt bereits aus Wasserkraftwerken. In Brasilien deckt man 80 Prozent des Strombedarfs nur mithilfe des Wassers, in Norwegen bereits ganze 99 Prozent!

Höchst brisant wird es, wenn wir an die unerschöpflichen Wasserquellen unserer Ozeane denken. Gezeitenkraftwerke, Meeresströmungskraftwerke und Wellenkraftwerke sind bereits aktiv. Einer der Spitzenreiter ist Südkorea, wo momentan das größte Gezeitenkraftwerk der Welt entsteht.

DIE WINDENERGIE

Die Windenergie stellt inzwischen über 50 Prozent aller erneuerbaren Energien, Vorreiter sind 1. die USA, 2. Deutschland, 3. China und 4. Spanien. Bis zum Jahre 2030, so nimmt man an, wird die Windenergie ganze 25 Prozent der deutschen Stromversorgung ausmachen.

DIE SONNENENERGIE

Grundsätzlich gilt es zu unterscheiden zwischen der *Solarzelle*, die Licht in elektrische Energie umwandelt, man spricht von der

Photovoltaik, und *Sonnenkollektoren*. Die Solarzelle begegnet uns in Taschenrechnern, Parkscheinautomaten oder in Fahrzeugen.

Sonnenkollektoren nutzen das Sonnenlicht, um in größerem Umfang Energie zu erzeugen. Sonnenwärme-Kraftwerke generieren bereits in beträchtlichem Umfang elektrischen Strom. Spiegel bündeln die Sonnenstrahlung, die ihrerseits ein Wärmeleitmedium erhitzt. Der entstehende Wasserdampf treibt daraufhin eine Turbine an. Allerdings sind nur sonnenreiche Gegenden für diese Art von Energie geeignet. Nutzer der Solarenergie finden sich vor allem in den USA (Kalifornien, Nevada), China, Israel, Spanien, Ägypten, Algerien und Marokko. Aber der "Strom aus der Wüste", wie der Werbeslogan mitunter lautet, besitzt auch eine große Zukunft in anderen afrikanischen Ländern sowie praktisch überall, wo die Sonne heiß und andauernd scheint.

ENERGIESPENDER ERDWÄRME

Die Erdwärme, auch als Geothermie bezeichnet, findet sich unterhalb der festen Erdoberfläche. Wärmeenergie strömt unaufhörlich nach oben. Diese Wärme lässt sich zum Heizen, Kühlen und zur Stromerzeugung nutzen. Heißes Gestein in tiefsten Tiefen ist eine weitere wertvolle und potenzielle Energiequelle. Gebiete mit vulkanischer Aktivität sind das Schlaraffenland für die Geothermie. An der Spitze stehen momentan 1. China, 2. die USA, 3. Schweden und 4. die Türkei.

DIE BIO-ENERGIE

Verschiedenste Rohstoffe werden heute schon benutzt, um Wärme und Strom herzustellen. Umgangssprachlich benutzt man gern den Begriff *Biomasse*. Bäume, Raps, Mais, Pflanzenöle, organische Abfälle aus Siedlungsmüll, biogene Reststoffe, Nebenprodukte aus der Land- und Forstwirtschaft - all das fällt unter die Rubrik Bio-Energie. Aber jeder dieser Stoffe fordert eine maßgeschneiderte Technologie ein, um daraus Energie zu gewinnen. Die Nase vorn haben momentan die USA, Deutschland, Frankreich, Brasilien und China - abhängig davon, welche Art von "Bio" benutzt wird.

Was Biokraftstoffe angeht, so befindet man sich teilweise noch in der Experimentierphase.

ENERGIEGEWINN AUS ABFALL

Selbst aus "Müll" lässt sich Energie gewinnen. Abfälle können stofflich verwertet und recycelt werden. Abfälle besitzen den Vorteil, preiswert und gewöhnlich vor Ort vorhanden zu sein. Man unterscheidet zwischen *biogenem Abfall*, den wir bereits erwähnt haben, und *Restabfall*. Zum biogenen Abfall gehören etwa Altholz, Sägespäne, kompostierbare Bio-Materialien und Klärschlamm. Zum Restabfall zählen zum Beispiel Aluminium und andere Metalle. Es gibt thermische und mechanisch-biologische Abfallbehandlungsverfahren, tatsächlich rankt sich längst eine Milliardenindustrie auch um diese Art von Energie. Jede Art von Abfall - denken wir nur an Krankenhausabfälle - verlangt nach einer speziellen Verbrennungsanlage. In Deutschland werden bereits jährlich rund 20

Millionen Tonnen Abfall verbrannt - und Energie daraus gewonnen. Selbst Klärschlamm, der eigentlich voller Schadstoffe ist, wird in Deutschland bereits zu mehr als 50 Prozent thermisch behandelt und wiederverwertet. Auch Dänemark ist auf dem Vormarsch, was die Gewinnung von Energie aus Abfall angeht.

VORLÄUFIGES FAZIT

Und so könnten wir uns noch eine Weile weiter fröhlich durch das Dickicht der potenziellen Energien schlagen. Grundsätzlich ist folgendes Fazit zu ziehen:

Die "alten" Energien (Öl, Kohle, Gas) sind zum Untergang verdammt. Selbst wenn sie noch ein paar Jahrzehnte lang ihr Unwesen treiben, die Ressourcen sind begrenzt, der Todesgesang ist längst angestimmt. Vorübergehend wird man das Gas auf den Königsthron heben, aber auch Gas wird eines Tages auf Planet Erde einfach nicht mehr vorhanden sein.

Die Atomenergie ist eine Verzweiflungslösung. Die unendlichen Schäden, die durch Strahlung verursacht werden, und die riesigen Gefahren, die noch immer mit dieser Art von Energie einhergehen, ganz abgesehen von Protestbewegungen, werden die Atomenergie eines Tages ebenfalls zum Verschwinden bringen.

Die alternativen Energien (gewonnen aus Wasser, Wind, Sonne, Erdwärme, "Bio" und Abfall) befinden sich auf einem weit höheren, überlebensfördernden Niveau als Öl, Kohle, Gas und die Atomenergie. Abhängig von den örtlichen Gegebenheiten wird man unterschiedlichen alternativen Energien den Vorzug geben: Sonnenenergie ist in der Wüste im Überfluss zu haben, Windenergie in windreichen Regionen, Erdwärme in vulkanischen Gebieten. Unserer Einschätzung nach werden Wasserkraftwerke und Energie, die aus Abfall gewonnen wird, wichtige, konstruktive Übergangslösungen darstellen, aber die konkreten Statistiken und Zahlen in den verschiedenen Ländern sprechen ihre eigene Sprache. Auf allen Gebieten wird man kontinuierlich Verbesserungen vorstellen, aber man wird immer entdecken, dass die "neuen" Energien sehr teuer und teilweise nicht im Überfluss vorhanden sind, nicht zu allen Zeiten zur Verfügung stehen und gespeichert werden müssen, neue Abhängigkeiten entstehen lassen und ebenfalls manchmal "Abfälle" und Probleme in der Natur produzieren, die nicht wünschenswert sind.

Die Menschheit befindet sich kurz gesagt an einem Wendepunkt, was Fragen rund um die Energie angeht. Man wird auf allen Gebieten wie besessen weiterforschen, ein gigantisches Wettrennen findet gerade statt, denn es geht um Milliardenmärkte und ökonomische Dominanz. Wirtschaftliche Überlegenheit hat jedoch auch immer militärische und politische Dominanz zur Folge, kein Panzer und kein Flugzeug funktioniert ohne Energie. Deshalb wird man erneut nach besseren, intelligenteren Energiequellen Ausschau halten.

Die Raumenergie wird in diesem Wettrennen mehr und mehr Anhänger und Freunde gewinnen, denn sie besitzt unschlagbare Vorteile. Sie ist unerschöpflich, umweltfreundlich, ungefährlich, sauber, produziert keinerlei Abfälle und kann letztendlich kostenfrei zur Verfügung gestellt werden, denn sie ist überall vorhanden, niemand kann ein Copyright oder ein Patent auf sie anmelden.

Sobald die ersten funktionierenden Raumenergie-Konverter existieren, die Strom produzieren, sobald sie preiswert und in Massen erhältlich sind, wird der Planet die größte Energierevolution erfahren, die er je im Laufe seiner Geschichte gesehen hat. Die Menschen werden sich ungläubig die Augen reiben und aufwachen. Kaum ein Zeitgenosse ist sich wirklich der ungeheuren Abhängigkeit bewusst, in der wir stehen, wenn es um Fragen rund um die "Energie" geht.

Energie ist notwendig, um ökonomischen Überfluss zu schaffen, und sorgt für wirtschaftliche Prosperität. Sobald diese Abhängigkeit jedoch verschwindet, wird förmlich der Korken von der Flasche genommen werden, der die Menschen bislang in ihrem (Energie-)Flaschengefängnis hielt. Menschen werden ihre Fesseln abwerfen und anfangen, *über* der Energie zu stehen und nicht mehr *unter* ihr.

Es existierte keine größere Lüge als die, welche den Menschen weiszumachen sucht, dass Energie knapp sei. Blickt man auf all die Milliarden Sterne und Planeten und auf den unendlichen Raum, so erkennt man sehr rasch, dass Energie in absolutem Überfluss überall vorhanden ist. Der Astrophysiker weiß, dass das Weltall nur zu 5 Prozent aus sichtbarer Materie besteht, 25-30 Prozent sind unsichtbare Materie, aber 65-75 Prozent bestehen aus "Dunkler Materie", in der sich die Raumenergie verbirgt. Energie ist also in unendlichem Ausmaß vorhanden, tatsächlich bereits auf der Erde selbst.

Wenn wir überhaupt etwas im Überfluss besitzen, so ist es Energie und Raum! Da die Raumenergie ganz unzweifelhaft existiert und die ersten funktionierenden Raumenergie-Konverter schon vorhanden sind, ist es nur eine Frage der Zeit, bis die nächsten technischen Ingenieurprobleme im Zusammenhang damit gelöst sind. Unseres Erachtens wird man die Raumenergie zunächst benutzen, um Wüsten wieder fruchtbar zu machen und Felder besser und effektiver zu bestellen - etwas, was mit dem Aquapol-Gerät bereits zu leisten ist. Aber die halbe Erde ist eine "Wüste" und leidet unter Wassermangel. Regionen, vorher völlig unbeachtet, werden plötzlich unvorstellbar im Wert steigen. Allein dieser einzige Schritt wird bereits alles auf den Kopf stellen, was wir bislang kannten. Einige Staaten werden plötzlich in der Weltgemeinde der Staaten im Rang aufsteigen und "reich" und wichtig werden.

Der nächste Schritt wird darin bestehen, mittels Raumenergie-Konvertern Strom zu erzeugen. Das wird das gegenwärtige Energieestablishment im Kern treffen und alte Machtkonglomerate zu Fall bringen, sofern sie nicht beizeiten Vorsorge treffen und sich umorientieren: Auch Raumenergie-Konverter müssen hergestellt und gewartet werden, weiter wird es zahlreiche Spezialgeräte geben, die die Raumenergie in eben die Energieform umwandeln, die gefragt ist: in Wärmeenergie, Kühlenergie, elektrische Energie und so weiter.

Jetzt wird die Energierevolution ihrem Höhepunkt entgegengehen. Raumenergie wird nun privat genutzt werden, aber auch die großen Industrien werden schnell auf den Zug aufspringen. Heute noch unvorstellbare Änderungen werden auf dem Fuß folgen. Der Verkehr wird eine Revolution erleben und jeder Wirtschaftszweig, der Energie benötigt.

Die größte Revolution wird darin bestehen, dass das Individuum unabhängiger und freier werden wird. Das wird politische, soziale und kulturelle Umwälzungen zur Folge haben, die heute kaum absehbar sind, die aber alle und ausnahmslos in eine positive Richtung zielen.

Diese neue Energierevolution wird wenigstens zwei Jahrhunderte lang andauern - man betrachte nur die Industrielle Revolution, die im 18. Jahrhundert in England begann und in vielen Ländern der Erde bis heute noch nicht abgeschlossen ist. Das aber führt uns zu der hochbrisanten Frage, welche Forschungen in Bezug auf die Raumenergie im Moment Vorrang haben sollten und wie sich das Gesicht der Erde in absehbarer Zukunft verändern wird.

- 12 -
Die Zukunft hat bereits begonnen

Fünf Phasen oder fünf Perioden kann man definieren, die sich in der Zukunft abzeichnen, was das Thema Raumenergie angeht:

PHASE 1

In der ersten Periode oder Phase, in der wir uns momentan befinden, ist es notwendig, zahlreiche falsche Daten und Informationen auszuräumen. Es ist geradezu abenteuerlich, wie widersprüchlich die Quellen hinsichtlich der alten Energien (Öl, Kohle, Gas) sind, aber auch wie gegensätzlich sich die Informationen darstellen, was die alternativen, erneuerbaren Energien angeht. Überall wird manipuliert auf Teufel komm' raus, wie der Volksmund so schön sagt.

Aber tatsächlich ist das nur die Spitze des Eisbergs.

Weitaus gravierender sind die Fehlinformationen über die Raumenergie, die noch immer hier und da diskreditiert wird, manchmal kann man nur still staunen. Wir werden vollgestopft mit irreführenden, falschen Behauptungen - auch was etwa bestimmte physikalische "Gesetzmäßigkeiten" in Lehrbüchern angeht. Obwohl zahlreiche Genies und Theoretiker die Existenz der Raumenergie längst bestätigt haben - einschließlich Einstein, der ironischerweise immer als Kronzeuge wider die Raumenergie angeführt wird -, wird diese neue Art von Energie noch immer vielfach als Seifenblase oder als Schnapsidee einiger überdrehter Erfindergehirne abgetan. Dabei wies der Physiker Prof. Dr. rer. nat. Claus Turtur ohne Wenn und Aber die Existenz der Raumenergie sogar in einem Experiment nach, das allen Standards standhält, sogar der konservativsten Schulphysik. (1) Dieses Experiment ist gut dokumentiert, es ist in der Universität Magdeburg einsehbar, es wurde von Zeugen bestätigt und das Ergebnis ist nicht mehr aus der Diskussion zu verbannen.

Neben den größten Köpfen der Physik existieren noch weitaus mehr Praktiker, Ingenieure, Tüftler und Querdenker, die längst sogar Maschinen gebaut haben, welche sich der Raumenergie bedienen. Erneut wurde damit bewiesen, dass, ohne dass der geringste Zweifel aufkommen könnte, man sich die Raumenergie praktisch zunutze machen kann.

Hier noch einmal eine kleine, unvollständige Aufzählung der größten Namen mitsamt ihren Erfindungen:

- Paul Baumann (Testatica)
- Johann Bessler (Bessler-Rad)
- John Bwedini (Generator-Puls-Motor)
- Shiuju Ionomata (N-Maschine)
- Howard Johnson (Magnetmotor)
- Dr. Norberto Keppe (Keppe-Motor)
- Setsuo Kuroki (Magnetmotor)
- E. Letsini (Letsini-Motor)
- Thomas H. Moray (Röhren-Konverter)
- Bruce de Palma (N-Maschine)
- Harold Puthoff (Vakuum-Kondensator)

- Wilhelm Reich (Orgon-Motor)
- Viktor Schauberger (Forellenturbine)
- Nikola Tesla (Magnifying Transmitter/Tesla-Motor für ein Kraftfahrzeug)

Da solche Erfindungen oft der Geheimhaltung unterliegen, ranken sich zum Teil abenteuerliche Geschichten rund um die verschiedenen Geräte und Motoren, man könnte mehr als einen Energiekrimi damit füllen. Experten gehen davon aus, dass noch weitere funktionierende Geräte existieren, tatsächlich rund um den Globus. Aber da es hier um Märkte, Motoren und Milliarden geht, sind einige Erfindungen durchaus nicht im Sinne verschiedener "Investoren" und kaltblütiger Geldmenschen, wie ja bereits das Verhältnis zwischen dem Großbankier J. P. Morgan und dem Erfinder Nikola Tesla bewies. Vieles wird also zurückgehalten und absichtlich unter den Teppich gekehrt.

Dabei ist nur die umgekehrte Vorgehensweise richtig: Das Thema *Raumenergie* braucht Publizität - ein Grund warum das vorliegende Buch verfasst und Mann und Maus genannt wurde, inklusive technischer Details.

Aber abgesehen von all diesen Ingenieuren und Erfindern konnten wir selbst wie gesagt viele tausend Male hieb- und stichfest beweisen, dass mithilfe der Raumenergie "Arbeit verrichtet" werden kann. Man kann mit ihrer Hilfe Gebäude trocken legen oder umgekehrt Wasser aufsteigen lassen und Felder bewässern. Damit wurde die *systematische* Anwendung auf ein völlig neues Niveau gehoben, ganz davon abgesehen, dass damit die Zeugen mittlerweile Legion sind.

Bei Licht betrachtet ist die Beweislage sowohl von theoretischer wie praktischer Seite also erdrückend. Aber noch immer werden viele Bemühungen abqualifiziert, lächerlich gemacht, infrage gestellt, in Zweifel gezogen und falsch dargestellt. Doch die professionellen

Stimmen mehren sich und die Waagschale beginnt, sich langsam, aber sicher nach der anderen Seite zu neigen. Jedes Jahr (!) gibt es inzwischen weitere Praxisbeweise, Zeugenaussagen und Bestätigungen von Fachleuten. Hier ist eine Lawine ins Rollen gebracht worden, die nicht mehr aufzuhalten ist. Und so sickert mithin auch in das Bewusstsein der breiten Öffentlichkeit die Idee ein, dass so etwas wie Raumenergie existieren könnte. Mehr und mehr ernstzunehmende Fachleute, deren Integrität nicht infrage gestellt werden kann und deren Kompetenz unzweifelhaft ist, schlagen sich auf die Seite der Befürworter der Raumenergie.

Und dennoch: Phase eins, in der wir uns momentan befinden, wird immer noch dadurch gekennzeichnet, das zusätzliche Zeugnisse eingefordert werden. Es gilt also, weiterhin korrekte Informationen zu verbreiten und falsche Daten auszuräumen. Das vorrangige Ziel besteht im Augenblick darin, die Unterschlagung von echtem, funktionierendem, anwendbarem Wissen zu unterbinden. Das kann nur durch die Medien, das Buch, den Film und das Internet passieren. Erst wenn diese Phase der Aufklärung abgeschlossen ist, wird sich das Blatt endgültig wenden.

Wir sehen uns momentan also einem Prozess des Umdenkens gegenüber. Es werden mentale Stärke, Integrität und Durchhaltevermögen notwendig sein, um die Idee der Raumenergie weiter in den Köpfen zu verankern. Darüber hinaus wird es eine ganze Weile dauern, bis alle falschen Informationen aus den Lehrbüchern der Physik verschwunden und durch korrekte Daten ersetzt worden sind. Aber Menschen fangen jetzt schon an, mehr und mehr außerhalb der eingetrichterten, eingefahrenen Bahnen zu denken. Damit stellen sie die alten Autoritäten infrage. Und so wird man allmählich begreifen, dass Genies immer "*out of the box*" denken und immer "Revolutionäre" sind, Geistes-Revolutionäre. Man wird völlig neue Denkmodelle nolens volens zulassen und diskutieren, denn nur völlig andersartige Grundlagen werden schlussendlich den Weg ebnen in Richtung eines neuen Energiezeitalters.

Gleichzeitig wird die wissenschaftliche Ethik einen höheren Stellenwert erhalten, die in unserer westlichen Zivilisation beinahe ein Fremdwort geworden ist. Der Preis, der dafür entrichtet werden musste, lässt sich mit Stichworten wie Hiroshima, Nagasaki und Tschernobyl umschreiben. Doch Menschen werden nicht endlos zusehen, wie der Planet vernichtet wird. "Ethik in der Wissenschaft" wurde wiederholt eingefordert, von Schriftstellern wie Friedrich Dürrenmatt etwa (2), aber sie wird eine neue Reizvokabel werden. Das aber bedeutet, dass man sich von den alten Energien schließlich mit Schaudern abwenden und vieles sogar verbieten wird. Poetisch gesagt: Man wird die Gebeine von Oppenheimer und J. P. Morgan eines Tages aus ihren Gräbern reißen und im Nachhinein ihre Rest-Skelette verbrennen.

In dem Augenblick, da die erste "kleine Massenproduktion" von Raumenergiegeräten stattfindet, die Strom erzeugen können, wird die öffentliche Meinung endgültig umkippen. Selbst der ungläubige Thomas wird nicht mehr vor der Tatsache die Augen verschließen können, dass die Raumenergie die bestmögliche Lösung darstellt innerhalb der bunten Palette der existierenden Energien. Alles in allem wird ein demokratischer Überzeugungsprozess die Länder überrollen - ein Phänomen, das nebenbei bemerkt jetzt schon beobachtbar ist, und zwar auf dem Gebiet der Politik, man betrachte nur die Ereignisse in Russland Ende des letzten Jahrhunderts oder den Arabischen Frühling 2010 und in den Folgejahren. Von einem bestimmten Zeitpunkt an wird die "Denkfreiheit" rasant an Fahrt zunehmen. Dann wird nicht nur die "öffentliche Meinung" in eine neue Richtung wandern, eine "neue Denke" wird generell Einzug halten.

Es ist erfreulich festzustellen, dass sich die Menschen und die Menschheit weniger und weniger am Gängelband führen lassen. Auf den Statuen der alten Autoritäten hat sich längst der Staub angesammelt, und ihre steinernen Köpfe werden eines Tages nur noch den Tauben als Ausguckplatz und zur Orientierung dienen.

Ein neues Zeitalter der Meinungsfreiheit ist längst angebrochen. Wenn genügend Stimmen die Raumenergie einfordern, wird sie von einem bestimmten Zeitpunkt an die Welt im Sturm erobern.

PHASE 2

Persönlich glauben wir, dass es zunächst ein Übergangsstadium geben wird, was die Raumenergie angeht. Eine neue Wasserstofftechnologie wird ihr wahrscheinlich zunächst zur Seite gestellt werden. Die Raumenergie und die Wasserstofftechnologie im Verbund werden die Kanonen bilden, welche den Wall der alten Ideen endgültig zum Einsturz bringen werden. Da es hier bereits die ersten konkreten funktionierenden, anwendbaren Lösungen gibt aufgrund der Aquapol-Technologie und bereits existierender Motoren anderer Erfinder, werden die Raumenergie und der Wasserstoff anfänglich ein Zwillingspaar bilden und Tandem fahren.

Generatoren werden durch hochfrequente Impulse Wasser aufspalten, werden Sauerstoff und Wasserstoff trennen, jedoch wirtschaftlicher als dies bei der klassischen Elektrolyse momentan der Fall ist. Der Traum Stan Meyers wurde also nicht umsonst geträumt. Diese Generatoren werden gleichzeitig auch die Raumenergie nutzen. Im Verbund wird man damit schon bald die ersten Autos und Flugzeuge antreiben. Gleichzeitig wird man ständig das Gefahrenpotenzial mehr und mehr herunterschrauben bei der Trennung des Wasserstoffes, damit keine Wasserstoff-Tankexplosionen die Folgen sind. Diese neuen Wasserstofftechnologien in Kombination mit der Raumenergie werden bereits zu enormen Einsparungen führen, ob es sich um Heizung, Kühlung, Transport oder elektrische Energie handelt, die im Haushalt benötigt wird.

Parallel dazu wird man in dieser Phase 2 wie verrückt weiterforschen. Neue Energiespektren werden allgemeine Anerkennung finden, wie die Elektrogravitation und der Gravomagnetismus, vielleicht werden sogar einige weitere, neue Energieformen entdeckt, wobei es im Prinzip gleichgültig ist, wie man sie schlussendlich benennt. Das Weltbild der Physik wird sich jedenfalls beträchtlich verändern. Technische Innovationen, eine der wichtigsten Triebfedern einer gesunden Volkswirtschaft, werden immer schneller aus dem Boden gestampft werden und sich wechselseitig hochschaukeln.

Statt marode Betriebe, die nur mit alten, ungesunden, umweltschädlichen, teuren Energien funktionieren können, mit Subventionen aufzupäppeln, wird man nunmehr Geld in neue Forschungsprojekte und moderne Firmen investieren, wohl wissend, dass man nur damit sicherstellen kann, die Nase vorn zu behalten. Neue Arbeitsplätze werden aufgrund dieser Innovationen massenhaft entstehen, so wie man es heute bereits bei den erneuerbaren Energien beobachten kann. Ein riesiges Heer von Ingenieuren, Physikern und Entwicklern wird gebraucht werden, um all diese Umwälzungen umwelt- und wirtschaftskompatibel zu machen.

In Phase 2 wird man auch bereits an der Entwicklung von serienreifen Antigravitationstechniken arbeiten. Der Elektrogravitation wird weiter nachgespürt werden sowie den endgültigen und letzten Geheimnissen der Gravitation überhaupt. Die steinzeitlichen Flugtreibstoffe von heute, die die Ozonschicht der Erde zerstören, werden durch umweltfreundliche Raumenergien ersetzt werden. Autos, Bahnen und Flugzeuge werden sehr viel schneller fahren und fliegen können als heute, bei größerer Sicherheit. Die Reisegeschwindigkeit wird sich erhöhen, wodurch Kosten für Fluglinienbetriebe und Fahr- und Fluggäste eingespart und Preise gesenkt werden können.

In den verschiedensten Wirtschaftszweigen werden kleine und große Revolutionen stattfinden. Auch in puncto Befeuchtung wird man mit Siebenmeilenstiefeln voranschreiten. Die Bodenbefeuchtungstechnologie wird auf ein vollständig neues Niveau gehoben, und systematisch können Wüsten wieder fruchtbar gemacht werden.

Das Weltbild der Geophysik und Astrophysik wird sich verändern, und man wird in der Lage sein, die Beschaffenheit der Erde bis hin zu ihrem innersten Kern sehr viel genauer zu untersuchen.

Auch in der Biomedizin wird es Fortschritte geben: gravomagnetische Heilmethoden werden Einzug halten, wie die neuen Technologien überhaupt zahlreiche Fachrichtungen inspirieren werden. Auf planetarer Basis wird man die gesamte Luftqualität durch die Verwendung von Raumenergie verbessern können, für jede Umweltverschmutzung wird es komfortable Lösungen geben. Ähnlich wie man heute schon mit kleinen Negativ-Ionen-Geräten die Luft in Zimmern verbessert kann, so wird man nun die Luft auf dem gesamten Planeten auf höchstes Gesundheitsniveau hochschrauben können. Der Elektrosmog wird der Vergangenheit angehören.

Phase 2 wird durch zahlreiche Innovationen gekennzeichnet sein, in der viele "unlösbare" Probleme ihrer Lösung entgegensehen.

Trotzdem wird es sich hierbei nur um ein Übergangsstadium handeln.

PHASE 3

Erneut auf einem höheren Niveau werden wir uns befinden, wenn Raumenergiegeneratoren generell und überall eingesetzt werden, auf breitester Front. Wir werden über fest installierte Geräte verfügen, die Raumenergie in elektrischen Strom umwandeln können, überall. Wärme, Kälte und Elektrizität werden allerorten zur Verfügung stehen. Das Gesicht der Welt wird sich vollständig verändern. Wir werden ohne "Tankstellen" oder "Überlandleitungen" auskommen, mit ihren enormen Energieverlusten. Man wird keinerlei "Rohstoffe" mehr benötigen, die qualmenden Öfen werden ebenso verschwinden wie die steigenden Benzinpreise, und radioaktives Material, das unsere Erde verseucht, wird es nicht mehr geben.

Die einzelnen Raumenergiegeneratoren werden in Bezug auf Funktion, Größe und Wirkungsgrad völlig unterschiedlich sein. Aber sie alle werden das Resonanzprinzip nutzen, mit dem man Raumenergie einfangen und einkoppeln kann. Energiebilanzen werden sich schlagartig verbessern und Kosten heruntergefahren werden können.

Energie wird in diesem neuen Zeitalter nichts mehr kosten und zum Nulltarif zur Verfügung stehen.

Jeder Mensch wird von der Raumenergie profitieren können, und sei es nur in Form eines Massentransportmittels, das er gelegentlich unentgeltlich nutzt.

Die einzigen Investitionskosten werden die Geräte sein, aber bei der Massenerzeugung werden die Preise hierfür in den Keller purzeln, was man in der Computer- und in der Telekommunikationsbranche heute schon beobachten kann, wenn dort Innovationen in Weltmärkten Fuß fassen.

Die soziale und wirtschaftliche Kluft zwischen Ost und West, zwischen Arm und Reich, zwischen Industriestaaten und Entwicklungsländern wird sich nicht schließen, aber verringern. Der Wohlstand wird weltweit ein neues Niveau erreichen, selbst Hungersnöte wird es nicht mehr geben.

PHASE 4

In diesem Stadium wird es allenthalben standort-unabhängige Raumenergiegeneratoren geben. Sie werden es ermöglichen, dass man Energie während der Bewegung und in der Bewegung überall abzapfen kann, wie es Nikola Tesla bereits 1930 mit seinem "Pierce Arrow" bewies. Wieder werden völlig neue Wirtschaftszweige aus dem Boden schießen. Autos werden künftig auf Straßen und "Raumgleiter" werden auf verschiedenen Höhenstraßen mit unterschiedlichen Geschwindigkeitsbereichen fahren und fliegen, mit der größten Selbstverständlichkeit. Die ersten Antigravitationstechniken werden das Licht der Welt erblicken, welche die Anziehungskraft aufheben können.

Diese "Raumgleiter" werden alle mit Supercomputern ausgerüstet sein. Man wird ein Reiseziel per Tastatur oder per Sprachbefehl eingeben sowie die gewünschte Zeitdauer der Reise. Ein Computer wird den schnellsten Weg berechnen, die nötige Geschwindigkeit und eine Person sicher und rasch an ihr Ziel bringen. Es wird ein Anticrashsystem existieren, das Zusammenstöße in der Luft unmöglich macht.

PHASE 5

Selbstredend wird die Raumfahrttechnologie ebenfalls auf ein völlig neues Niveau katapultiert werden. Mit den gegenwärtigen Energien können wir nicht einmal die bemannte Raumfahrt außerhalb unseres eigenen Sonnensystems vorantreiben. Die Raumenergie wird deshalb ein vollständig neues Zeitalter einläuten. Wir werden andere Planeten besuchen können, die erdähnliche Bedingungen aufweisen, und sie bewohnbar machen.

Interstellare Reisen werden möglich sein. Auf die ehemalige Existenz des Öl- und Kohlezeitalter wird man mit Unglauben reagieren und seltsam irritiert auf diese barbarische, unzivilisierte Ära zurückblicken. Man wird kaum mehr verstehen können, wie man es ehemals einzelnen Bankiers und Ölbaronen erlauben konnte, die halbe Menschheit zu tyrannisieren und in ihren Klauen zu halten. Wenn wir Glück haben, wird man schmunzelnd auf das 19. und 20. Jahrhundert zurückblicken und seinem Irrwitz mit galligem Humor begegnen.

Für die Menschheit wird mit der Raumfahrt eine völlig neue Ära anbrechen, denn die Möglichkeiten, die sich jetzt eröffnen, werden schier unendlich sein.

Wir werden nicht mehr auf einen einzigen kleinen, unwichtigen Planeten, genannt Erde, der verloren am Rand einer Galaxis liegt, fixiert sein. Man wird endgültig erkennen, dass Materie, Energie und Raum in absolutem Überfluss vorhanden sind ...

So weit ein kleiner Ausblick auf die Zukunft, die mit der Raumenergie möglich sein wird.

Doch zunächst gilt es, die Herausforderungen der Phase 1 zu meistern. Das aber bedeutet, dass die Wahrheit über die Raumenergie überall verbreitet werden muss. Dann, und nur dann, kann das Schicksal der Menschheit in ein goldenes Zeitalter einmünden, das in den alten Mythen immer wieder besungen worden ist.

Quellenangaben

KAPITEL 2

1 Vgl. Textstellen innerhalb der Bhagavadgita (= wörtl. "Gesang des Erhabenen"), eine heilige Schrift im Hinduismus, besonders 11. Gesang, Vers 12 und Vers 32), aber vgl. auch das gesamte Mahabharata (= wörtl. "Die große Geschichte der Bharatas"), ein riesiges Epos, in dem von einem gewaltigen Krieg zwischen zwei Familien (und Göttern) die Rede ist. Die Bhagavadgita ist Teil des Mahabharata.

2 Zitate und Inhalt nach: Ha. A. Mehler, Stichwort "Traktate", www.professionellschreiben.de, 2013

3 Vgl. Wikipedia, Stichwort "René Descartes"

4 Siehe u. a. die Einsteinbiographien von Abdul Montaqim, Johannes Wichert und Jürgen Neffe.

5 In keiner Einsteinbiographie wird auf dieses korrigierende Statement aufmerksam gemacht.

6 Vgl. Artikel über "Raumenergie", zitiert nach dem Journal "Die Kräfte des Universums", 2008, sowie verschiedene Internetartikel, Stichwort "Kraft/Kräfte des Universums"

KAPITEL 3

1 Vgl. Frank Fabian, *Die größten Fälschungen der Geschichte*, München 2014, S. 20 ff.

2 Vgl. Will Durant, *Cäsar und Christus*, Lausanne, ohne Jahresangabe, S. 203 ff. und S. 268 ff.

KAPITEL 5

1 Vgl. www.AAYAA/Allgemeines Wissen/Freie Energie 3

2 *Teslas verschollene Erfindungen*, Wiesbaden, 1994, S. 6

3 *Teslas verschollene Erfindungen*, a. a. O., S. 82
Als Zeuge dient weiter Professor Dr. Claus Turtur. Er interviewte Heinrich Jebens persönlich, den Sohn Klaus Jebens (= ehemaliger Präsident des Deutschen Reichserfinderamtes). Heinrich Jebens berichtete Prof. Turtur, sein Vater habe Tesla persönlich besucht und eine Probefahrt in dem Wagen unternommen, der nur mit Raumenergie betrieben wurde, ja er habe das Raumenergie-Gerät selbst in Augenschein genommen. Quelle: Prof. Dr. Claus Turtur, DVD: "Raumenergie, die unterdrückte Alternative zur Atomkraft", NuoViso-Filmproduktion, ohne Zeitangabe

4 ZeitenSchrift, www.zeitenschrift.com, S. 3

KAPITEL 6

1 Vgl. DVD, "Raumenergie - die Energie der Zukunft", Bad Wildungen 2010

2 Vgl. Magazin "Die Kräfte des Universums", a. a. O., sowie die DVD "Die Kräfte des Universums", Reichenau 1995

3 Vgl. das Magazin "Die Kräfte des Universums", Reichenau 2006, S. 4

4 Auszüge aus diesem Interview wurden erstmals publiziert auf der DVD "Raumenergie - die Energie der Zukunft", Bad Wildungen 2010

5 Vgl. die Website von Prof. Turtur

6 Diese Statements finden sich ebenfalls auf offiziellen Websites, vgl. weiter Dokumente der Österreichischen Vereinigung der Raumenergie, deren Vorsitzender der Autor dieses Buches ist.

7 Vgl. einen Artikel im Internet, veröffentlicht von www.co-art.de, 2012

8 www.co-art.de, 2012

KAPITEL 8

1 Vgl. Magazin “Die Kräfte des Universums”, a. a. O., S. 17

2 Jacques Aymar lautete der Name des legendären Rutengehers

3 Siehe Stichwort “Rutengeher”, Wikipedia

4 Zahlreiche Fälle sind etwa in diesen beiden Büchern dokumentiert:
Frank Fabian, *Die größten Lügen der Geschichte*, München 2013, 5. Auflage
Frank Fabian, *Die größten Fälschungen der Geschichte*, München 2013

5 Will Durant, *Der Ferne Osten und der Aufstieg Griechenlands*, München 1981, S. 306

KAPITEL 9

1 Vgl. Stichwort “Thomas Brown”, Wikipedia, sowie “Die Kräfte des Universums”, a. a. O., S. 22

2 Vgl. Stichwort “NASA”, Wikipedia und die eigenen Websites der NASA

3 Zitiert nach Frank Fabian, *Die größten Fälschungen der Geschichte*, München 2013

KAPITEL 13

1 Interview with Prof. Szabó über seine Energy-by-Motion-machine
Vgl. Internet: PureEnergySystems.com, 11. Oktober, 2006

2 Siehe www.ashdin.com/journals/jvst/josef_gruber.aspx

3 Eckehard Junge, publiziert bei co-art.de

4 Eckehard Junge, publiziert bei co-art.de

5 Vgl. die Schriften von Jörg und Viktor Schauberger, dem Leiter des PKS-Seminarzentrums in Bad Imschl
Vgl. weiter: www.wasser-symposium.ch

6 Vgl. www.lesa-maschinen.de

7 Entsprechende Unterlagen und DVDs sind alle einsehbar und erhältlich über den Autor und Aquapol.

8 Siehe Anmerkung (7).

KAPITEL 14

1 Vgl. www.professionellschreiben.de, “Das Geheimnis der Kreativität”, von Ha. A. Mehler

2 Auf der gleichen Website werden Techniken vorgestellt, wie man die eigene Kreativität und Beobachtungsgabe erhöhen kann.

3 Vgl. den Internetbericht unter dem Stichwort “Olof Alexanderson”, Lebendes Wasser

4 Vgl. den Wikipedia-Eintrag über Stanley Meyer

5 Siehe www.professionellschreiben.de, die Abhandlung über “Essays”

KAPITEL 16

1 Vgl. die Vorträge von Prof. Dr. Claus Turtur, erhältlich auf DVD, wie etwa “Raumenergie, die unterdrückte Alternative zur Atomkraft”, NuoViso-Filmproduktion, ohne Zeitangabe

2 Vgl. Friedrich Dürrenmatt, *Die Physiker*

Zu den Autoren

Wilhelm Mohorn, Jahrgang 1954, Dipl.-Ing., Erfinder und Gründer der Firma *Aquapol,* stellte Grundlagenforschungen zur Raumenergie an und entwickelte ein mit verschiedenen Patenten ausgestattetes Gerät, das es ermöglicht, Gebäude mithilfe der Raumenergie trockenzulegen.

Auszeichnungen: Kaplan-Medaille, Goldmedaille der IENA, Architekturpreis Prag, Ehrenpreis des Wissenschaftsministeriums Österreich, Bronze-Medaille der IENA, Ehrung des Österreichischen Erfinderverbandes, Goldmedaille, zahlreiche Ehrenurkunden weltweit. Die Firma *Aquapol* ist heute in über 20 Ländern vertreten.

Frank Fabian, Jahrgang 1952, studierte Geschichte und Philosophie in Deutschland, England und in den USA. Der in neun Ländern publizierte Bestsellerautor wurde mit verschiedenen Preisen ausgezeichnet, in Deutschland zweimal mit der "Goldenen Feder".

Erfolgstitel in Deutschland:

- Sehr geehrte Frau Bundeskanzlerin
- Die geheim gehaltene Geschichte Deutschlands
- Die größten Lügen der Geschichte
- Die größten Fälschungen der Geschichte

Margret Cheney

Nikola Tesla

Erfinder, Magier, Prophet
Über ein außergewöhnliches Genie und seine revolutionären Entdeckungen

Das Buch berichtet ausführlich über Leben und Werk von Nikola Tesla (1856-1943), der vielfach als »der größte Erfinder aller Zeiten« bezeichnet wurde. Als Entdecker der »Freien Energie« ist er für einige fast zu einem Mythos geworden. Margaret Cheney zeichnet nicht nur sehr lebendig und kompetent das Portrait einer zweifellos exzentrischen, schillernden und nahezu übernatürlich begabten Persönlichkeit; sie beschreibt auch ein Stück spannender Zeit- und Wissenschaftsgeschichte.

403 Seiten, gebunden · ISBN 978-3-930243-01-3

Callum Coats

Naturenergien verstehen und nutzen

Viktor Schaubergers geniale Entdeckungen zur alternativen Energiegewinnung

Schaubergers geniale Entdeckungen über die Naturenergien unseres Planeten und deren Gewinnung und Nutzen sind aktueller denn je: das Wissen über die Energien, die für die Wechselwirkung innerhalb der gesamten Schöpfung und für die unglaubliche Fülle und Fruchtbarkeit der Natur verantwortlich sind.
So gewährt uns Callum Coats Einsicht in die Unterlagen des gewissenhaften Naturbeobachters und -forschers sowie genialen Erfinders und führt den Leser in die faszinierenden Geheimnisse der Natur ein.

480 Seiten, mit Abbildungen, gebunden · ISBN 978-3-96933-034-0

Jeane Manning

Freie Energie

Die Revolution des 21. Jahrhunderts

Entdecken Sie eine von der Wissenschaft weitgehend ignorierte Energiequelle, die unser Leben positiv revolutionieren könnte: kostenlose Energie aus dem Raum um uns herum! Sie könnte die Verbrennung fossiler Brennstoffe ebenso überflüssig machen wie die Atomenergie oder naturzerstörende Wasserkraftwerke. Die Autorin macht uns mit zahlreichen Forschern und Erfindern bekannt, die Wege gefunden haben, wie sich diese Energie umweltfreundlich nutzen und sogar dafür einsetzen lässt, bestehende Umweltschäden zu reparieren.

304 Seiten, broschiert · ISBN 978-3-96933-073-9

Ulrich Sackstedt

Quantenäther

Die Raumenergie wird nutzbar
Technologien für das 21. Jahrhundert

Ulrich F. Sackstedt stellt Energiewandlungsverfahren aus Quellen vor, die von der Schulphysik kaum akzeptiert sind. Diese könnten das drohende Szenario zukünftiger Energieengpässe abwenden. Er erläutert Grundlagen der Quantenäther-Vorstellung und präsentiert Zukunftstechnologien zur Energiewandlung und -nutzung sowie zur Informationsübertragung und zu Materialtechniken. Mehrere Beiträge von Kennern der Materie der Raumenergie sowie Erkenntnisse von Nikola Tesla und Viktor Schauberger, den »Vätern der Freien Energie«, kommen zur Sprache.

360 Seiten, broschiert · ISBN 978-3-930243-66-2

John Davidson

Das Geheimnis des Vakuums

Schöpfungstanz, Bewusstsein und Freie Energie
Die Neue Physik aus mystischer Sicht

Vakuum herrscht im Weltall sowie in den Atomen physischer Körper vor. In der konventionellen Physik gilt das Vakuum als leer. Davidson aber zeigt, dass der vermeintlich leere Raum selbst bei absoluter Nullpunkttemperatur noch Energie enthält – freie, kostenlose Energie, die man zum Betreiben von Anlagen und Maschinen anzapfen kann. Anhand mehrerer Erfinderbeispiele wird nachgewiesen, dass das in der Praxis durchaus funktioniert. Ein inspirierendes Werk zur Freien Energie!

460 Seiten, gebunden · ISBN 978-3-930243-02-4

Bernd Senf

Die Wiederentdeckung des Lebendigen

Die Erforschung der Lebensenergie durch Reich, Schauberger, Lakhovsky, Schmidt, Plocher, Herbert und Knapp

Die Entdeckung der Lebensenergie durch Wilhelm Reich sowie die Forschungen von Viktor Schauberger und Georges Lakhovsky ermöglichen ein grundlegendes Verständnis lebendiger Prozesse und ihrer Störungen in uns, zwischen uns und in der »äußeren« Natur und zeigen Wege der inneren und äußeren Heilung. Dieses Wissen war bereits in früheren Kulturen vorhanden und wurde in einem 6.000 Jahre währenden Prozess verschüttet. Die Wiederentdeckung der Lebensenergie in uns eröffnet Perspektiven, die die Menschen und die Erde wieder heilen lassen.

384 Seiten, mit Farbteil, gebunden · ISBN 978-3-89845-636-4

Otto Höpfner

Die feinstoffliche Strahlungsenergie

Anwendungsmöglichkeiten für den Alltag

Otto Höpfner zeigt uns, wie wir die feinstoffliche Strahlungsenergie für uns nutzen können. Anschaulich erklärt er, welchen Einfluss die Strahlungsenergie auf den Menschen hat und mit welchen Mitteln und wirkungsvollen Geräten sie jeder positiv einsetzen kann. Denn bei wirksamer und gezielter Anwendung können Störzonen aufgespürt und entstört, schädliche Erdstrahlen eliminiert, Wasser und Lebensmittel entgiftet und Allergien verbessert werden. Die praktischen Anleitungen Höpfners dazu helfen jedem Gesundheitsbewussten, sein Leben bedeutend zu verbessern.

176 Seiten, mit Abbildungen, gebunden · ISBN 978-3-89845-545-9

Otto Höpfner

Einhandrute und Pyramidenenergie

Ein praktischer Ratgeber

Zahllose Strahlungen und Felder beeinflussen unser Wohlbefinden – und nur einige wenige effektive Geräte können uns dabei helfen, diesen Einflüssen zu entgehen. Dieser Ratgeber zeigt anhand von praktischen Beispielen, wie auch der Laie krankmachende Strahlen erfassen und durch die Pyramidenenergie verbessern kann. Er führt uns auf neue Wege zum Schutz unserer Gesundheit, egal, ob es sich um die Verträglichkeit von Nahrungsmitteln und Medikamenten, Störzonen am Schlafplatz oder andere krank machende Störfaktoren handelt. Eine faszinierende Fundgrube für Gesundheitsbewusste!

160 Seiten, broschiert · ISBN 978-3-89845-361-5

Peter Plichta

Das Primzahlkreuz

Xenos, das Fremde (Band IV)

Peter Plichta untersucht die Zahlen zyklisch und bemerkt eine Auffälligkeit bei der Verteilung der Primzahlen, im strukturellen Aufbau des unendlichen Raumes und in den Atomen.

Durch die Stereometrie in der Natur erkennt er die Zahlen als dritte Unendlichkeit neben Raum und Zeit. Dabei webt er die neuen Inhalte dieses Buches in die Erkenntnisse der vorherigen Bände ein und entschlüsselt das Vertauschungsgesetz zwischen dem drei- und vierdimensionalen Raum, das Geheimnis der Zahlen –1 und +2 bei Bildung und Zerfall der Materie, Pythagoras verborgenen Code, u.v.m.

256 Seiten, gebunden · ISBN 978-3-9802808-5-3

Werner Hartung & Anne Stallkamp

Neue Geomantie

Heilung des Menschen und der Erde
Neuauflage – überarbeitet & ergänzt

Die beiden Autoren bieten neueste Erkenntnisse, wie wir mit geomantischem Wissen Mensch und Erde wirksam und nachhaltig heilen können. Methoden der Kraftlenkung sowie der geomantischen Imprägnatur und die Verknüpfung mit astrologischem Wissen sind Schwerpunkte der angewandten Geomantie.

Menschliche Heilung und Gesundheit sind untrennbar verbunden mit der Heilung unseres Planeten. Mit den Methoden der »Neuen Geomantie« können wir einen wertvollen Beitrag dazu leisten.

296 Seiten, 2-farbig, Flexocover · ISBN 978-3-96933-125-5

Kishori Aird

Die 13. Helix

Ein Praxisbuch zur Erweckung unseres verlorenen Gens

Wenn Sie bisher geglaubt haben, die Möglichkeit, den genetischen Code zu beeinflussen, wäre allein der Wissenschaft vorbehalten, dann irren Sie sich ... Wussten Sie zum Beispiel, dass die DNA über ein schwingendes, elektromagnetisches Feld verfügt, das auf unsere Gedanken und Gefühle reagiert? Oder dass die DNA nicht nur zwei, sondern vielmehr 13 Stränge aufweist, die alle aktiviert und genutzt werden können? Sie lernen, wie Sie selbst Ihren genetischen Code so verändern können, dass Sie lang ersehnte Ziele wie Gesundheit, Jugendlichkeit, innere Balance oder auch Selbstvertrauen mühelos erreichen.

328 Seiten, broschiert · ISBN 978-3-89845-290-8

Vadim Zeland

Transsurfing in 78 Tagen

Die Kunst der Realitätssteuerung

Transsurfing ist eine mächtige Technik zur Realitätssteuerung, mit der jeder die Möglichkeit hat, die Realität nach Belieben zu lenken. Das Basiswissen zu Transsurfing fasst Vadim Zeland hier in 78 Schritten zusammen und bietet damit ein Buch, das die Grundlagen der Realitätssteuerung verständlich erklärt. Dieses Wissen ist notwendig, um zu erkennen, dass die Realität nicht festgeschrieben ist. Jeder Mensch kann zu jeder Zeit den für sich richtigen Weg wählen, um sein Ziel zu erreichen, und selbst entscheiden, welche Ereignisse in seinem Leben stattfinden werden – und welche nicht.

216 Seiten, broschiert · ISBN 978-3-89845-377-6

Weiterführende Informationen zu
Büchern, Autoren und den Aktivitäten
des Silberschnur Verlages erhalten Sie unter:
www.silberschnur.de

Natürlich können Sie uns auch gerne den
Antwort-Coupon aus dem beiliegenden
Lesezeichenflyer zusenden.

Ihr Interesse wird belohnt!